U0638478

运动

起源

On the Origins of Sports

The Early History and
Original Rules of
Everybody's Favorite Games

改变人类的体育比赛
为什么要这样玩

[英]加里·贝尔斯基———著
[英]尼尔·法恩

诸葛雯——译

by Gary Belsky
& Neil Fine

天津出版传媒集团

天津人民出版社

一本内容如此翔实的书居然还如此有趣，这简直就是犯规。《运动起源》才是大赢家。

——丹·奥克伦特（Dan Okrent），《旋转棒球》

（"Rotisserie Baseball"）创始人

引人入胜。

——《男士健康》（*Men's Health*）

贝尔斯基与法恩是体育界最伟大的两位侦探，他们挖掘出的宝贵信息可以让所有读者在翻开这本令人愉快的书籍之后变得更加聪明、更加有趣，并且成为谈话的焦点。

——查德·米尔曼（Chad Millman），ESPN 国内数字频道总编

我发现这本书超级有趣，极富教育意义，而且十分鼓舞人心 —— 即便我根本不喜欢运动。

——A. J. 雅各布斯（A. J. Jacobs），《纽约时报》畅销书《我的圣经狂想曲》

The Year of Living Biblically and Drop Dead Healthy 作者

动脑筋粉丝的体育盛会

从前，本垒打被判作界外球……足球运动员可以用手碰球……如果橄榄球运动员带球跑动时大喊"档！（Down！）"（也就是"Uncle！"）裁判就会吹哨终止比赛。

《运动起源》汇集了大众喜爱的各种运动的初始规则，并讲述它们扣人心弦的起源故事。解释规则如何变化的注释比比皆是，直观的图表展示了从棒球手套到标志性的奖杯，再到比赛场地相对大小的演变等各种信息。这本佳作集历史、冷知识、参考资料、运动乐趣于一身。

献给我的侄孙与侄孙女：

诺亚、亚尼、扎伊、艾拉、伊莱贾、利亚姆、赖利，

以他们为题，完全可以写出一本《欢乐之源》。

—— 加里·贝尔斯基

献给莎琳，

多亏了她，

我的比赛才不至于变得一团糟。

—— 尼尔·法恩

目 录 ———————— CONTENTS

万物皆有源

太初有球……或是猪膀胱……或是泥炭块……抑或是馅饼盘。但是接下来呢？

体坛翻腾着成千上万个问题：谁是有史以来最伟大的四分卫？为什么曲线球会沿着曲线飞行？为什么美国人不擅长打板球？然而，鲜有人提出一个最根本的问题：这些体育运动究竟是如何发展到现在这个阶段的？

坦率地说，体育在现代社会中的重要地位令人困惑。战火因之而起，城市因其被焚。国库倾尽，劳燕分飞，人命被害。今天，人们对各国政府疯狂争夺（更不用说，采取一些秘密的手段）奥运会或世界杯这类赔本的大型活动的主办权早已司空见惯。

当然，我们完全可以理解这种激情：人的自我价值与自己最爱球队的胜率直接相关，这已经是公认的事实（也许这就是人类）。更重要的是，从根本上讲，所有文化均给予体育运动超乎想象的关注完全说得通。我们天生就爱群体活动——人类的基因决定了"我们"由"他们"定义——球衣是实现这项任务的相当简单的方式之一。体育运动一直是人类身份与自尊的源泉，许多人通过运动来与他人建立联系、测试自身能力、证明自己的忠诚。但是，如果连运动的起源都不了解，你又怎么好意思说自己是运动迷呢？

套用美国哲学家桑塔亚那（Santayana）说过的一句话：无视历史的人注定

会重蹈覆辙，会被"阿布纳·道布尔迪（Abner Doubleday）发明了棒球"这样愚蠢的故事欺骗。

本书的目的就是帮助真正的运动迷们免于出丑，为此我们会在书中刨根究底。这是第一次有人整理出世界上最流行的体育运动的初始规则、它们诞生的故事，以及其后数十年或数百年间的演变，并将这些内容汇集在一本书中。是什么引发了足球与橄榄球分道扬镳（以及后来英式橄榄球和美式橄榄球的分裂）？牧羊人用来打发时间的游戏如何发展成高尔夫英国公开赛（高尔夫四大满贯之一）？是谁将连续运球技术带入了篮球运动？了解我们最喜爱的体育运动的历史和传说只会增强我们在观看比赛和上场拼搏时的体验。也许，在明白了它们如何从古代的消遣演化为现代的盛大赛事之后，我们可以与旁边身穿球衣的球迷侃侃而谈。除非他套着对家的球衣，那种情况下只好让他好走不送。

作者按

我们极为用心地在书中收录了各类运动的规则与历史，尽力覆盖世界上最受欢迎的观赏性和参与式运动。即便如此，只有当我们确定那些比我们更了解某项运动的人——历史学家、体育项目的奠基人、其他专家——认为某套规则是现今某项运动在其起步阶段所用的规则时，才会将这项运动收录进来。（摔跤除外，我们选择的规则有其独特的来源。）一些参与人数众多的运动，如纯种马比赛和一级方程式赛车（简称 F1），并没有出现在本书里，因为尽管我们竭尽全力，还是无法确定这些运动最初采用的规则。

为了清晰起见，我们对规则进行了注释，并记录了自比赛规则制定以来，出现过的重大变化和有趣发展。尽管如此，细心的读者也会发现，大多数初始规则甚至连比赛的目的都没有解释。因为当时的规则通常是写给那些已经知晓应该如何进行比赛的人看的。规则的目的是规范程序与行为，避免来自不同学校或城镇的球员在踢球或击球（或用力击打对方）时出现斗殴的情况。

我们几乎完整转录了每项运动的规则。这要感谢英国人，因为大多数现代体育项目的初始规则都用英语撰写（第 55 页说明了原因）。当然，许多原始文档可以追溯到 100～250 年前，因此现代读者可能会觉得它们的语言有些古怪。虽然我们改正了排版和拼写错误，但是基本上保留了当时的用词和标点。在确定应该以哪种版本为蓝本进行评注的时候，我们也做出了类似的选择 —— 例如，我们为篮球选了美国国家篮球协会（简称 NBA），为橄榄球选了联合式而非联盟式。

最后，由于我们将长达几个世纪的历史浓缩到内容丰富、有趣（希望如此）、简短的故事中，难免会略去许多著名人物、重要事件和关键日期。希望读者能够原谅我们所做的这些及其他"犯规"行为。规则就是用来打破的，不过我们依然会尽量循规蹈矩。

棒　球

　　几千年来，无论是纯粹为了娱乐，还是作为宗教仪式的一部分，男孩与女孩——更不用说男人和女人——一直在用棍子击球。古代神庙的壁画显示，早在公元前 2400 年埃及人就已经发明了一种名为"击球"（seker-hemat）的棍球（stick-and-ball）游戏。这一点值得我们铭记，因为在棒球的起源问题上，人们一直争论不休。生活在北美洲新大陆上的人们认为这项运动是由美国人首创的。

　　事实上，根据已知的资料，"棒球"（base-ball）一词最早出现在 1744 年出版的《一本漂亮的袖珍书》（*A Little Pretty Pocket-Book*）中。没错，在美国人签署《独立宣言》32 年前，英国诗人作了一首题为《棒球》的诗歌："开球之后 / 男孩开始飞奔 / 奔向下一个指定位置 / 带着满心的喜悦回家。"在诗文所配的版画插图中，三名年轻人似乎正在玩"凳球"（stoolball）。这项源于英格兰南部的运动与棒球类似，其历史至少可以追溯到 11 世纪，据说最初是由挤奶女工发明的。她们将凳子翻过来当作三柱门，这就是垒的前身。几个世纪以来，英国人发明了包括板球和绕圈球（rounders）在内的大量棍球类游戏。

　　那么，为什么还有这么多人依然相信，棒球是由一位名叫阿布纳·道布尔迪的联邦陆军将军发明的呢？这个故事匪夷所思，就连道布尔迪自己都不曾承认此事。道布尔迪毕业于西点军校，是美国内战中的一位英雄。1905 年，体育用品巨头亚伯特·斯伯丁（Albert Spalding）召集一群"专家"成立米尔斯委员会

（Mills Commission），希望能够确立美国作为棒球发源国的地位。他们宣布，道布尔迪是棒球运动的发起人。即便在当时，这种说法也极其荒谬。这种谬传的证据是一位与阿布纳同名，但是姓格雷夫斯（Graves）的人所写的两封信。据说，1840 年前后的某一天，道布尔迪在纽约州库珀斯敦一条街道的泥地上画了一个球场，标记出球员的位置，创造了"棒球"这个术语，而且制定了所有的比赛规则。好吧，1840 年的时候，六岁的格雷夫斯还住在一家精神病院里，而且他从未提供任何确凿的证据来证明这一说法。美国人就是喜欢带有爱国色彩的传奇故事。因此，库珀斯敦被认定为棒球的诞生地，道布尔迪球场和美国国家棒球名人堂都建在那里。（颇能说明问题的是，道布尔迪本人并未入选棒球名人堂。）

其实，这项"美国"运动在当时兴起的真正原因是：美国一直是一个移民国家，许多人将故国的娱乐活动带到了美国。现在我们已经知道，18 世纪时新英格兰的农民就已经开始在农场里进行各式各样的棒球比赛了。到了 19 世纪，随着纽约、费城、波士顿等城市的蓬勃发展，一个有机会享受休闲活动的职业阶层逐渐形成。他们组建了以故国的运动为主题的社交俱乐部。

这些运动所遵循的不成文规则随俱乐部及地区的不同而不同，这一点也不奇怪。因此，不同的俱乐部之间很难进行比赛（任何觉得红袜队与洋基队之间的竞争异常激烈的人从未试过让纽约人去参加"马萨诸塞州的比赛"）。人们还在这项昔日的儿童运动上下注，这显然吸引了成年人的关注，并且促使人们提出统一规则的要求。1845 年，纽约尼克博克棒球俱乐部（Knickderbocker Base Ball Club）的创始人之一，亚历山大·卡特赖特（Alexander Cartwright）将俱乐部的规则记录了下来。很难说这些究竟是最早的棒球比赛规则，还是仅仅是规则的最早记录。而且，棒球究竟是一种美式运动，还是某种混合的国际运动，并不重要。今天，国际棒球总会中有 120 多个国家级管理机构。它们组织的比赛或多或少都遵守"尼克博克规则"。

纽约尼克博克
棒球俱乐部规则（1845 年）

规则	注释
··· 1 ··· 会员必须严格遵守约定的练习时间，准时[1] 出席。	1. 尼克博克俱乐部的会员往往不得不溜去新泽西州寻找合适的比赛场地。他们不希望自己在渡过哈德逊河之后发现到场的会员数量不足以组建两支球队。
··· 2 ··· 集中练习时，主席 —— 如果主席缺席，则由副主席代替 —— 应指定一人担任裁判。[2] 裁判应将比赛过程记录在专用的笔记本上[3]，并且记录练习期间所有违反俱乐部规则和章程的行为。	2. 1876 年（当时，国家联盟规定，每场比赛主队须支付给裁判 5 美元的报酬）之前，裁判只是一项临时的业余工作。20 世纪以前，每场比赛只设一名裁判。自 1900 年起，每场比赛增设一名裁判。1909 年举办的世界大赛引入了四名裁判，但是这种做法仅限于季后赛。自 1952 年起，常规赛才开始启用四名裁判。 3. 现代球迷所熟知的技术统计表是由体育记者亨利·查德威克（Henry Chadwick）于 1859 年发明的。有时，他也被称为"棒球之父"。（查德威克一点也不喜欢这项荣誉。他说："棒球从来就没有什么'爹'，它完全是'自然生长'的。"）
··· 3 ··· 比赛主持者应指定两名队员作为队长。这两人应退出比赛，承担组织比赛的任务，同时还应确保两队处于相同位置的队员尽可能实力相当，并且通过抛掷[4]的方式决定攻守方，先手[5]也以类似的方式决定。	4. 掷硬币。 5. "先手"指的是率先进攻的球队，"手"（hand）即为"局"（inning）。直到 19 世纪 80 年代末，客队先攻的做法才开始成为惯例。

规则	注释
··· 4 ··· 从 "本垒"[6] 到二垒 42 步[7]，从一垒到三垒 42 步，等距。	6. 当时的本垒是圆形的 —— 因此叫作本垒板 —— 后来先变成菱形，之后又在 19、20 世纪之交演变成了今天的五边形。 7. 1845 年时，"步" 是对男性脚步的粗略估算，一步约长 3 英尺（1 英尺≈0.3 米）。因此，菱形内野的对角线约长 126 英尺（允许存在少许误差），邻垒之间的距离略大于 89 英尺，非常接近 90 英尺，这是自 19 世纪 50 年代以来的标准距离。
··· 5 ··· 常规训练日不允许进行 "残缺赛"（stump match）[8]。	8. 非正式或缩减版的比赛。简单来说，规则制定者不希望球员在不计入成绩的比赛中受伤。
··· 6 ··· 万一在约定的时间内到场的俱乐部会员数量不足[9]，可以从非会员中挑选队员参与比赛。不得为了接纳迟到的会员中断比赛。但是，无论哪种情况，组队时都应优先考虑在场的会员。	9. 直到 1857 年，在纽约举办的一次大会才正式确定了比赛规则，将每支队伍的人数定为 9 人。事实上，尼克博克俱乐部内部曾就球队规模发生过纷争。一派认为，每支队伍应由 18 人组成，而另一派则坚持减少队员的人数。后者的意见占据了上风之后，前者便离开了俱乐部。
··· 7 ··· 如果会员在比赛开始之后才到场，队长可以在双方同意的情况下选择他们作为队员。	

规则	注释
… 8 … **21 分或 aces 为一场 [10]，但是在比赛结束时双方的攻防局数必须相同 [11]。**	10. 换句话说，最先拿到 21 分的队伍获胜！Aces 的叫法也许是借鉴了扑克游戏，比如 21 点中 A 牌的叫法。最终，比赛得分改用板球术语"得分"（run）一词。 11. 1857 年，标准比赛被定为 9 局。
… 9 … **球员必须投球，而不是抛球 [12]，以便球能够被击中。**	12. 这里区分了上肩投法和低肩投法。投球的目的是将球传给击球员，尽可能使球容易被击中，从而将投手的命运交到野手的手中。1884 年，投球变成了上肩式防御武器。总之，在尼克博克俱乐部的比赛中是如此。根据马萨诸塞州的比赛规则 —— 随着纽约棒球比赛的传播与发展而逐渐消失 —— 从一开始投手就采用上肩投法。
… 10 … **将球击出场外 [13] 或一垒、三垒范围之外属于犯规。**	13. 没错，现在的本垒打最初属于犯规行为。这纯粹是由当时的环境所决定的：常规比赛场地埃律西昂（Elysian）球场位于新泽西州的霍博肯，毗邻哈德逊河。如果球被击出界外，就会落入河中。由于棒球价格昂贵，俱乐部不鼓励将球击得太远，以至无法找回。
… 11 … **击球员三击不中 [14] 且最后一个球被接杀，属于出局（hand out）[15]；如果没有被接杀且被认为属于界内球，击球员必须跑垒。**	14. 直到 1858 年，才能根据好球判击球员出局 —— 用以惩罚拒绝挥棒击球的击球员 —— 但是首先必须由裁判向其发出警告。 15. 在这条以及其他规则中，"hand out"指的是任何形式的出局。

规则	注释
··· 12 ··· **如果球被击中或擦棒，并且被接住，无论球在飞行中还是第一次弹起[16]，都算出局。**	16. 反正，1864 年以前适用于所有活球。1883 年以前，一次弹起的擦棒球被捕算出局。
··· 13 ··· **如果对方在垒包上的球员接住了球，或是跑垒员在进垒前触球，那么跑垒员就算出局。然而，需要注意的是，在任何情况下都不应将球投向跑垒员。[17]**	17. 很容易理解这种警告 —— 他们不会无缘无故地将这种运动称作硬式棒球 —— 但是在绕圈球以及其他棍球比赛中（尤其是马萨诸塞州的比赛），为了使跑垒员出局，野手可以将球投向跑垒员。
··· 14 ··· **在进垒前阻止对手接到或者拿到球的跑垒员应被判出局。**	
··· 15 ··· **三人出局，攻守互换。**	
··· 16 ··· **击球员必须按照常规顺序击球（strike）[18]。**	18. 在这种情况下，"strike" 指的是上场击球，但是与 "hand" 一样，早期的 "strike" 具有多重含义。在这些规则中，它也可能指安打。到 19 世纪 50 年代，这个词开始具备现在的意义，即挥棒落空、界外球，或者是击球员未击打但却被裁判认为已经进入好球带的投球。

规则	注释
··· 17 ··· **所有与比赛有关的争议与分歧均由裁判裁定 [19]，不得申诉。**	19. "裁判"（umpire）一词源自中古英语"noumpere"，而"noumpere"又来自于古法语"nonper"，即"不相等"。或许，这个词的词源表明裁判的任务是调解纠纷，而不是高高在上。事实上，"noumpere"指的是仲裁人。
··· 18 ··· **界外球不得分，也不能占垒。[20]**	20. 现在，跑垒员可以在返垒之后继续前进，并在界外高飞球被接杀后得分。
··· 19 ··· **如果投手犯规，跑垒员不能开始跑垒。**	
··· 20 ··· **如果被击打的球弹出场外，可以进占一个垒包。[21]**	21. 现代场地规则规定进占两个垒包。

接 球

棒球手套的演变

当今的球员和球迷都很清楚，在接飞行或弹起的硬质棒球时需要保护双手，但是参加美国第一场真正意义上的全国性比赛的棒球先驱们却没有意识到这一点。

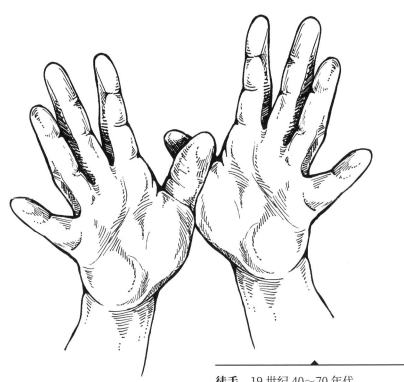

徒手 19 世纪 40～70 年代

早期的棒球选手全都徒手参加比赛。手套的普及迟缓，因为没有人设计棒球比赛的专用手套，而且人们认为硬汉并不需要手套。

在现代棒球比赛历史的前 75 年中，大多数选手都会在轮到自己的球队击球时摘下手套扔在场上。这样做的原因有很多，其中十分重要的一个是为了使对方球员被地上的装备绊倒，1954 年，美国职业棒球大联盟（简称 MLB）禁止了这种做法。

运动起源

无指手套 19 世纪 70 年代

1870 年，为了保护受伤的手部，辛辛那提红长袜队的捕手道格·艾利森（Doug Allison）戴上了手套，他可能是首位戴手套参赛的职业选手。然而，这种做法并未形成一种潮流。1875 年，圣路易斯棕长袜队的一垒手查尔斯·韦特（Charles Waitt）为了保持手指的灵活性戴着无指皮手套上场时，还遭到了别人的嘲笑。两年后，备受瞩目的芝加哥白长袜队一垒手亚伯特·斯伯丁（后来的体育用品巨头）模仿了韦特的做法，此后手套才变得流行起来。到了 19 世纪末，所有职业选手都戴上了手套。

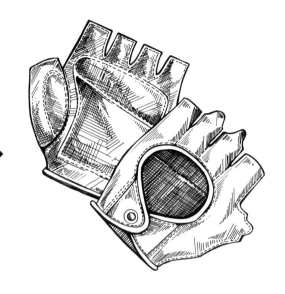

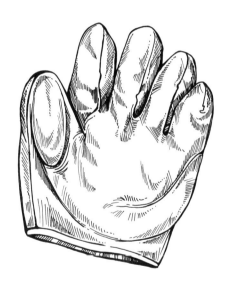

分指填充手套 19 世纪 80 年代

1883 年，新罕布什尔州的手套制造商德雷珀和梅纳德（Draper and Maynard）开发出第一款分指填充手套。又过了近 70 年的时间，球员与制造商才抛弃了棒球手套应该尽量接近人手形状的想法。

第一副棒球手套 20 世纪 10 年代

尽管大多数棒球运动员（与多数人一样）惯用右手，但是仍有许多一垒手是左撇子，因为他们无须完全转身就能将球投给其他野手，而且由于界内球多数会从右侧飞来，左撇子更容易防守右侧的来球。

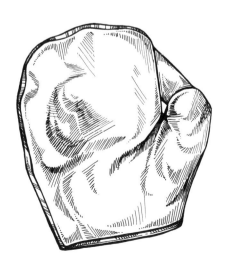

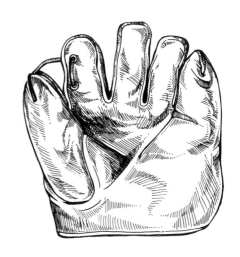

比尔·多克手套 20 世纪 20 年代

圣路易红雀队的投手比尔·多克（Bill Doak）通常被认为是现代棒球手套之父。1919 年，他建议体育用品制造商罗林斯（Rawlings）在拇指与食指之间加入柔韧的带状编织物，增大手套的接球"口袋"。

威尔逊 A2000 20 世纪 50 年代

1957 年问世的威尔逊 A2000 是第一款通过（勉强算得上的）铰链将手指连接在一起的手套，这种手套可以轻松包裹住棒球。威尔逊 A2000 既实现了技术上的创新，也取得了巨大的成功。它的广泛使用使制造商和球员最终摒弃了基本款手套必须像一只加了护垫的手的想法。

大多数棒球手套都由牛皮制成，但有时也会使用猪皮、鹿皮、驼鹿皮、水牛皮，甚至袋鼠皮。棒球手套以棕色或黑色居多，但是其他许多颜色也曾时兴过一段时期，例如绿色、红色、蓝色。MLB 禁止手套使用白色、灰色，以及任何裁判认为有可能分散球员注意力的颜色。

运动起源

现代棒球手套类型

　　事实上，MLB 并未规定球员必须在比赛时佩戴手套，但是不会有人不戴手套。以下是五种基本的专用手套。

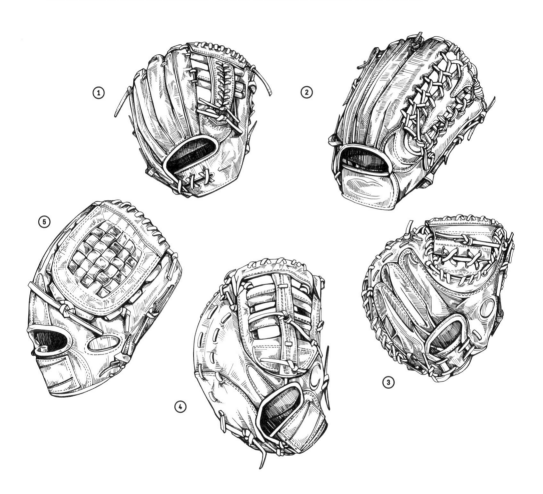

① **内野手手套**　口袋较浅，可以快速取出接住的球。
② **外野手手套**　比内野手手套更长，口袋更深，更容易在奔跑或俯冲时接到并抓住球。
③ **捕手手套**　最不灵活的手套，为了保护手部免受时速高达 100 英里 / 小时（1 英里≈1.6 千米）的棒球带来的冲击，手套中添加了额外的衬垫。
④ **一垒手手套**　不分指，通常比其他内野手手套更长、更宽，因而更容易兜住低球。
⑤ **投手手套**　通常带有紧密的织带，可以避免击球员发现投手的球路。

篮　球

大多数运动之所以会出现，是因为一群无所事事的孩子手上正好有一两件可以玩的东西。他们发明的游戏玩法灵活，纯粹是为了好玩和消遣，因此对于"怎么玩?"这个问题的回答几乎总是取决于提问的时间、地点以及提问者。（如果提问者是成年人，回答就会略去危险的部分；如果提问者是孩子，回答大抵就是"趁现在还没受伤赶紧走!"）这些原型运动的规则往往经历了几年甚至几个世纪的有机发展，直到那些大半生都在玩某项运动某个特定版本的人整理并制定规则。

世界上99%有组织的体育运动都是这样发展起来的，尤其是最为人熟知的那些。不过也有一个明显的例外：篮球，这项当今极受欢迎的国际体育运动完全是一个人在几周之内凭空创造出来的。

1891年12月，马萨诸塞州斯普林菲尔德基督教青年会（简称YMCA）国际培训学校的体育部主任责成自己的雇员，30岁的加拿大人詹姆斯·奈史密斯（James Naismith），设计一项"不太粗暴"的室内"消遣运动"，好让学生在新英格兰气温骤降的冬日有事可做。奈史密斯考虑了现有的运动，不过没有选用任何一项。相反，经过几天的思考，他在两张纸上打印出一套说明，然后贴在了学校的墙上。第一页顶端的标题是"篮球"（Basket Ball）。

奈史密斯认为，摔跤和体操是比他的发明更加高级的体育教育，不过他设计的运动涉及的危险接触比摔跤要少，而比体操更像锻炼。他在体育馆硬木地板上方 10 英尺的走道上钉了两只桃筐。参赛球员需要将球（通常是足球）投入其中的一只。这项运动一炮而红，尽管它有一个明显的缺点：每次进球得分之后，必须通过梯子或由走道上的某人将球从筐中取出来。很快，这种效率低下的做法就得到了改进。人们在桃筐底部挖了一个洞，这样就可以用棍子把球敲出来。（最终，整个桃筐底部被全部去掉。）

很快，其他城市的人们也开始玩起了篮球。基督教青年会在向美国各地扩展的过程中，也带去了篮球。这项运动开始受到大学生和高中生的青睐，无论男女，尤其是因为它不受天气的影响。不出 10 年，篮球就已风靡全美，"篮球"一词也被收入词典。1904 年，篮球作为表演项目现身圣路易斯举办的夏季奥运会。

发明这项运动后不久，奈史密斯就搬去了丹佛，并在那里获得了医学博士学位。即便如此，篮球依然影响着他的生活。1898 年，这位优秀的医生搬到堪萨斯州的劳伦斯，成为当地大学的教堂主管和体育教师。由于早已声名远扬，他应学校的要求组建了一支校队，并执教到 1907 年。堪萨斯大学杰鹰队逐渐成长为大学联赛中的一支劲旅。事实上，这支传奇球队只在奈史密斯执教期间有过失败场次多于胜利场次的经历。不论怎样，奈史密斯已经为我们留下了一笔遗产。1959 年，他入选了首届篮球名人堂 —— 确切地说，应该是奈史密斯篮球名人纪念堂。

詹姆斯·奈史密斯
篮球规则（1891 年）

规则	注释
使用符合美国足球协会标准的普通足球（foot ball）。[1]	1. 足球（soccer ball）。
… 1 … 可以用单手或双手将球掷向任意方向。	
… 2 … 可以用单手或双手向任意方向击打球（不得用拳）。	
… 3 … 球员不得带球跑动。[2] 球员必须在接到球的位置将球传出去。如果快速跑动的球员打算停住脚步，也可以在跑动中接球。	2. 1897 年，耶鲁大学校队率先使用运球技术实现带球推进。他们在解释传球规则时，加入了球员可以通过反弹传球给自己这条。4 年后，更多与运球相关的规则获得了官方的认可 —— 最初，球员每次控球时只能进行一次运球。
… 4 … 必须单手持球或者用双手抱住球，不得用手臂或其他身体部位持球。	
… 5 … 不得用肩顶、拉扯、推、绊倒对方球员，或以任何方式击打对方球员。[3] 球员第一次违规将判犯规一次；第二次违规将暂时取消比赛资格，直到有人进球；如果明显蓄意伤害对方球员将取消违规球员整场比赛资格，且不得更换球员。[4]	3. 1910 年以前，此类违规行为不计入个人犯规。但是随着新规则的出现，个人犯规累计达到四次将被取消比赛资格。1946 年，美国篮球协会（Basketball Association of America，简称 BAA，NBA 的前身）在创立时所制定的规则将个人犯规的上限提高到五次，并在次年增加到了六次。

规则	注释
	4. 这些规则没有限定上场球员的人数。因为奈史密斯希望让任何想玩的人都能参与这项运动。
… 6 … 用拳击打球、违反第三条和第四条规则[5]，以及出现第五条规则所描述的情形时，均视为犯规。	5. 1921 年，带球跑 —— 走步 —— 不再属于"接触性"犯规。然而，它依然算一次失球违例。
… 7 … 如果一方连续三次犯规（连续犯规指的是对手在此期间没有犯规），则判对方进一球。[6]	6. 1895 年引入罚球线后，这条规则便被取消了。最早的罚球线距离篮筐 21 英尺。随后不久就移到了现在的距离篮筐 15 英尺处。曾有一年，进球 —— 今天的投篮得分（field goal 或 basket）—— 与罚球均记一分。后来，投篮进球记两分。1979 年，NBA 在比赛中引入了后起之秀美国篮球协会（American Basketball Association，简称 ABA）所采用的三分球机制。
… 8 … 当一方从场地上将球投进或打进篮筐且球停留在篮筐中[7]，只要防守球员没有碰球或干扰进球，则记为进球。如果球停在筐沿而防守方移动了篮筐，也应记为进球。[8]	7. 适用于 1913 年前的比赛。1913 年后，开口网兜取代封闭式铸铁圈（后者在 19 世纪 90 年代中期取代了桃筐）。 8. 这种防守干预听起来有些像守门，但是现代意义上的干扰得分 —— 投篮中干扰正在下落飞向篮筐的球 —— 在 1944 年才被界定为违例。这项规定针对突然出现的大批高个子球员，他们的身高实际上能够影响到篮筐周围的任何一次投篮。

规　则	注　释

… 9 …

球出界后应掷回场地，球权属于第一个触到球的球员。[9]如果对此存在争议，则由裁判（umpire）将球直接扔回场内。[10]掷球人需在 5 秒内将球掷出，如果超时则由对方球员掷球。如果一方故意拖延时间，裁判将判其犯规。

9. 这是奈史密斯未曾想到的一点失误。球员在争抢最先接触重新掷回场内的篮球的过程中，容易发生严重的伤害性对抗。因此，这条规则在 1913 年得到了修改，篮球出界前最后一个触球的队伍将失去球权。

10. 今天，在遇到球权不明确的情况时，会通过跳球来决定球权。自 1937 年起，跳球成为比赛的一部分，每次投篮得分后，均通过跳球重新开始比赛。现在，只有在比赛与加时赛开始时才会跳球。

… 10 …

裁判负责对球员进行裁决，确认球员是否犯规，并在出现三次连续犯规时通知主裁判（referee）。裁判有权根据第五条规则取消球员的比赛资格。

… 11 …

主裁判负责对球进行裁决，决定何时球是活球、球是否出界、球权归属，并且负责计时[11]。他需要确认球是否投中、记录进球数，以及完成其他通常由主裁判负责的工作。

11. 说句公道话，需要计时的地方并不多：直到 1954 年才制定了 24 秒进攻时限来制止 NBA 球队使用的拖延战术。

… 12 …

比赛时间为上下半场各 15 分钟，中场休息 5 分钟。[12]

12. 1946 年，BAA 成立。为了使球迷买到的球票物有所值，比赛由上下半场调整为四节，每节 12 分钟。

… 13 …

在比赛时间内得分多的一方获胜。如果出现平局，在双方队长同意的情况下，可以继续比赛，直到有一方进球。[13]

13. 直到 20 世纪 60 年代，这种一球定胜负的"突然死亡法"才变成了 5 分钟加时赛。

风 尚

篮球服的演变

每项运动的时尚都在不断地发展，但篮球服可能是其中变化最大的。

19 世纪 90 年代

在篮球运动的早期，男式服装包括配有腰带的休闲长裤和宽松的运动服，女性大多穿着连衣裙或长裙，搭配运动软鞋。1901 年，斯伯丁首次在产品目录中推出了特制篮球服，提供不同长度的裤子和不同款式的衬衫。

20 世纪 10 年代

短裤日益流行，因为它们增加了身体灵活性。运动服开始代表球员所属的组织，如大学、职业俱乐部等。匡威橡胶鞋公司恰好在 1917 年推出了查克·泰勒（Chuck Taylor）All Star 系列。这是一款以篮球明星查克·泰勒命名的帆布鞋，泰勒曾走遍美国，教授各地的孩子打篮球。他所穿的橡胶底高帮运动鞋可以提供更好的支撑与附着摩擦力。

20 世纪 20～30 年代

到了 20 世纪 20 年代，羊毛短裤与无袖运动衫已随处可见。女性往往会佩戴护膝，但是她们的服装款式开始变得与男性的相似。20 世纪 30 年代，尼龙成为一种更好、更轻的羊毛替代品。

20 世纪 40～50 年代

随着比赛水平的提高及节奏的加快，羊毛已经完全被以不同比例的棉花、涤纶、尼龙混纺的面料所替代。在球衣上印刷定制的编号和字母成为常态，松紧带取代了腰带。

20 世纪 60 年代

这一时期的篮球服跟随当时的美国时尚，变得更贴身、更多彩。随着更为开放的穿衣风格的兴起，无袖女式篮球运动衫也开始出现。

20 世纪 70～80 年代

紧跟更广的流行趋势，条纹筒袜成了 20 世纪 70 年代 NBA 球服中的流行要素。短裤相当紧身，内缝仅 3 英寸（1 英寸≈2.5 厘米）——大致与男士内裤的尺寸相当。在 20 世纪 80 年代这种式样一直保持，直到迈克尔·乔丹要求芝加哥公牛队制作更长的短裤，这样他就不用一边弯腰将手撑在满是汗水的膝盖上休息，一边拼命往下拽自己的短裤了。

20 世纪 90 年代

短裤在这一时期变得更长、更宽松，与此同时，美国体育也受到了嘻哈文化的影响。在大学篮球联赛中，密歇根大学众星云集的1991 级新生（即密歇根五虎）使这种式样成为一种潮流。与此同时，NBA 球员继续追随乔丹的脚步，到了 90 年代末，宽松的式样成为唯一的风尚。

2000 年～21 世纪 10 年代

进入 21 世纪以后，篮球服的设计对功能和时尚同等地关注。短裤和运动衫依然十分宽松，以便能够获得最大的灵活度；鞋子变得更加轻便，但同时也具备更好的抓地力，并为脚踝和足弓提供了更强的支撑。

拳　击

　　我们可以很有把握地说，人类自直立行走以来便开始近身肉搏。一些最早的洞穴壁画描绘了原始形式的拳斗。最早提到"拳击"（pugilism）的历史记载是苏美尔人的墙面浮雕，距今约5000年。在公元前1500年左右的克里特岛的壁画中，有对佩戴护手工具（差不多算手套）进行肉搏的最早描绘。

　　然而，拳击作为一项有组织的体育运动，而非自我保护的策略或由愤怒引发的混战，直到后来才发展起来。可是，"有组织"是一个相对的概念。老板、首领或其他显赫人物为从成功的赌局中获得刺激和财富，会下注斗士间的一次性搏斗。如果把这些算在内，那么许多早期文明都存在有组织的搏斗。人们认为拳击足以成为一项技能，更不用说它还是衡量男子气概的手段，因而它在公元前7世纪的古代奥运会上赢得一席之地。同样，奴隶、仆人、罪犯为争夺奖品（通常是自由）进行的搏斗是古罗马非常吸引观众的体育比赛之一。这类比赛通常在庄园、市场、露天竞技场举行，不死不休。缠在拳手指关节上的皮带有时镶满金属。由于过于野蛮和血腥，这项运动在公元393年废除。

　　尽管人们肯定依旧用拳猛击彼此来取乐和满足虚荣，这项运动还是直到17世纪末才在英国正式重新登场。1681年首次出现了关于英国拳击比赛的记述，详细介绍了一位贵族的男管家和屠夫之间的较量。很快，职业拳击赛便成了新闻报道的常见素材，并且选定了"拳击"（boxing）这一术语，很可能是因为选手们常在正方形场地比赛。到 1719 年，英国诞生了首位裸拳冠军詹姆斯·菲格（James Figg）。但是，这项日益流行的运动却没有任何成文规则（更不用说划分重量级别，对回合做出限制，以及设立裁判）。

几十年后，一个对这项运动有着深入了解的人编纂了一部基本规则。杰克·布劳顿（Jack Broughton）年轻时曾是伦敦港的摆渡人。到 18 世纪 30 年代，他也成了一名拳击手，而且表现极为出色。他在拳击界斩获不小名气，这符合他惊人的体格：身高 6 英尺，体重 195 磅（1 磅 ≈ 454 克），肌肉发达，比当时的普通男性高出几英寸，重了许多磅。在支持者的帮助下，退役后的布劳顿利用自己的威望于 1743 年开设了一家拳击场。在那里，他为掏钱买票的公众举办拳击比赛，并为此制定了 7 条规则，其主要目的是保护参赛者。布劳顿规则在近 100 年的时间里一直是最权威的，直到 1838 年在其基础上扩充而成的《伦敦拳击锦标赛规则》（London Prize Ring Rules）问世。在接下来的 30 年里，这套规则几经更新，最后一版是应约翰·肖尔托·道格拉斯（John Sholto Douglas）的要求完成的。如果你对这个名字没有什么印象，也许是因为他更为人熟知的身份是第九任昆斯伯里侯爵，一位狂热的运动员。他资助出版了由合作伙伴约翰·钱伯斯（John Chambers）编辑的一套拳击规则的修订版。

钱伯斯的名字逐渐消失在历史长河中，而昆斯伯里的名字依然与拳击规则紧密联系在一起。最早将这项运动正式化的人是布劳顿，但他仍然没有获得应有的赞誉。这也不足为奇，对于大人物的认可总是姗姗来迟。1789 年，布劳顿去世后被安葬在威斯敏斯特教堂。几个世纪以来，他的墓碑上一直没有墓志铭，这要怪教堂主教，因为布劳顿要求刻在墓碑上的那篇墓志铭没有获得他的认可。到了 1988 年，这位拳击手的愿望终于实现了，他的安息之地刻上了"英格兰冠军"的字样。

杰克·布劳顿
拳击规则（1743 年）

拳击台上的所有比赛都应遵守下列规则

规则	注释
··· 1 ··· **在拳击台中央用粉笔画出正方形的拳击场地。**[1] **每当有人被击倒** [2] **或被分开，在重新开始比赛前，助手（second）都要将自己的拳击手（man）**[3] **带至场地一边，让两位拳击手相向而立，直到两人都已做好准备，在此之前挥拳出击是不合规的。**	1. 1838 年规定用绳子划分拳击台。两条绳子标记出一个 24 英尺见方的正方形，这个尺寸或多或少延续至今。为什么正方形的拳击场要叫作圆环（ring）？因为街头斗殴和校园打架似乎总能吸引一圈圈的人群围观。 2. 一名拳击手能否继续比赛取决于他是否愿意站在距离对手不足 1 码（1 码≈0.914 米）的地方（这是一个合理的出拳范围）。 3. 早期的拳击手获准可以在他们休息的角落获得大量体能补充。1838 年《伦敦拳击锦标赛规则》取代《布劳顿规则》之后禁止了这种做法。
··· 2 ··· **为防止出现争端，一旦拳击手倒地，如果助手无法在半分钟** [4] **内将其带至拳击场地一边，则视为被击败。**	4. 半分钟？这太久了吧。（公平地说，即使在当时，如果有人在拳击台上躺了如此之久，尤其当他这么做的原因似乎是为了休息而不是恢复时，人们也会认为他缺乏男子气。）自 1867 年起开始采用《昆斯伯里侯爵规则》（这套规则开启了现代拳击）之后，倒数 10 秒一直是主流规则。
··· 3 ··· **主赛中，除拳击手（principal）及其助手外，不允许任何人站上拳击台。这项规则也适用于暖场赛（bye-battle）**[5]**，只不**	5. 主赛之前的比赛，也称为垫场赛（undercard）。

规则	注释
过在暖场赛中，布劳顿获准站在拳击台上维持礼仪，并协助观众（gentlemen）就位，前提是他绝对不能干涉比赛。故意违反这些规则的人会被立即驱逐出场。比赛开始前，一旦拳击手（champion）脱掉衣服，所有人都必须离开拳击台。[6]	6. 那时和现在一样，拳击手赤膊上阵。反正拳击手都是男性。
··· 4 ··· 除非拳击手无法在规定的时间内重新站起来[7]，或其助手宣布其被击败，否则不能判定该拳击手被击败。不允许助手向对方拳击手提出任何问题，或是建议他认输。	7. 由于拳击手在 30 秒内恢复知觉即可，而且随行人员也可以提供帮助，早期的拳击比赛通常不会很快结束。最长的比赛持续了 6 小时 15 分钟。事实上，即使昆斯伯里侯爵将每一回合的时长设定为 3 分钟（在此之前，只有当拳击手倒下，该回合才算结束），他也没有对回合的次数进行限制。1893 年，杰克·伯克（Jack Burke）与安迪·鲍文（Andy Bowen）一共打了 111 回合——要不是两位拳击手都筋疲力尽，比赛还会继续下去。
··· 5 ··· 在暖场赛中，胜者将赢得三分之二的奖金。即便拳击手之前签订过与之相矛盾的私下协议，奖金也要在拳击台上公开分配。	
··· 6 ··· 为免出现争议，在每场主赛中，拳击手应在上台之后，选择两位现场观众担任裁判。他们对比赛中所有可能出现的争议拥有绝对的裁判权，如果两位裁判无法达成一致，上述裁判另选一人担任第三位裁判，由其做出裁决。[8]	8. 所有现代冠军头衔赛都设有三位裁判。

规则	注释

··· 7 ···

对手倒地之后，不允许再击打他，也不可以抓住他的大腿、马裤⁹，或者腰部以下的任何部位¹⁰，双膝跪地即视为倒地。

9. 是的，这是裸拳拳击的时代，但是布劳顿试图提升这项运动的档次，使其不再只是最初的打架斗殴。为此，他鼓励拳击手在表演与练习中戴上他自己发明的厚手套（muffler），这是拳击手套的前身。具有讽刺意味的是，标准化的拳击手套与《昆斯伯里规则》反而增加了拳击手在比赛中所受的伤害。拳头得到保护之后，拳击手更有可能攻击对手坚硬的头部，而不是身体较为柔软的部位。

10. 不过，可以采取大量腰部以上的缠斗（grappling）。

计 时

体育运动中的时间单位

传统的拳击比赛一个回合只有 3 分钟，是时长相对较短的运动。这是合理的，因为一般来说，随着参赛选手数量的增加，比赛时间会逐渐延长。

0: 01–1: 00

追牛扳倒（steer wrestling）（小牛被套住时停止计时）

0: 08

骑牛，野畜牛仔竞技

0: 50

现代五项的射击比赛，5 次射击目标的间隔时间

2: 00

大学摔跤第二轮和第三轮

2: 50

花样滑冰短节目

3: 00

拳击一回合、大学摔跤第一轮

4: 00

花样滑冰女子单人自由滑、冰舞自由舞

4: 30

花样滑冰男子单人自由滑

5: 00

综合格斗一回合

7: 00

马球赛一巡、水球
赛一节

7: 30

自行车球赛一节

10: 00

美国国家女子篮球协会
（简称 WNBA）赛一节、
国际篮球赛一节

12: 00

NBA 赛一节、轮滑
曲棍球赛一节

15: 00

棍网球赛一节、职
业美式橄榄球赛一
节、大学美式橄榄
球赛一节、篮网球
赛一节

20: 00

大学篮球赛半场、
澳式橄榄球赛一节、
冰球赛一局

30: 00

手球赛半场、合球
赛半场

35: 00

曲棍球赛半场

40: 00

（联合式和联盟式）
橄榄球赛半场

45: 00

足球赛半场、班迪
球赛半场

拳　击

板　球

即便是地方观念很强的美国球迷，也都知道足球是世界上最受欢迎的观赏性运动，可即便是最具国际化视野的美国球迷，也可能会惊讶地发现，板球的受欢迎度仅次于足球。（这归功于板球是印度这个世界第二人口大国最受欢迎的运动。）这种无知颇具讽刺意味，因为在很大程度上，板球是棒球的前身：甲队投球手将球投向乙队击球手，后者试图在野手之间击中上述球体，然后追逐跑垒。

如果不是因为几个世纪前同时兴起了另一种不分国界的消遣 —— 赌博，板球不可能在全球体育界赢得如此崇高的地位，棒球就更不用说了。（又一个讽刺，因为两项运动的赌博丑闻实在过多。）维多利亚时代以前，英格兰的上流社会喜爱板球，但他们更爱赌博。到了 18 世纪中叶，他们当中更有野心的人开始经营私人板球俱乐部，以提高他们在这两个领域的成功概率。事实上，与这项运动相关的最早的规则手册几乎完全是用来裁定博彩纠纷的。

尚不清楚这项原本属于乡野孩童的游戏何时变成成人运动。关于板球的最早记录出现在 16 世纪中叶，但是大多数历史学家认为，早在 12 世纪左右，板球运动便已在英格兰东南部的诺曼和撒克逊部落中发展起来。在田间照料牲畜的孩子们用一根牧杖，亦称"羊角杖"（crook，古英语 crycc），用力击打岩石（也有可能是变硬的羊毛球）来度过漫长的一天。几乎可以肯定的是，它的灵感来自另一种叫作"滚木球"（bowls，本质上就是草地保龄球）的中世纪游戏，玩家最终开始用自己的手杖来保护目标（比如一个树桩）不被投掷过来的球击中。当时没有固定的规则，因此英格兰各地的游戏玩法也不尽相同。至少在其中一个版本中，球瞄准一个特定的目标：畜栏的大门或小门。

直到 17 世纪中叶，板球手几乎清一色都是不满 13 岁的儿童。当时，大多数工人阶级的成人（包括 13～19 岁的青少年）几乎没有时间玩游戏，尤其是那些既花时间，又会让他们疲惫不堪的游戏。（他们的"业余时间"——一天之中无须费力去挣一两个钢镚儿的那几个小时——用来吃饭和睡觉。）

在英国内战结束之后，平民第一次真正尝到了自由的滋味，同样重要的是，他们终于拥有了享受乐趣的机会。板球成了相互竞争教区的居民下午的娱乐比赛，这些比赛迅速成为得到当地富裕地主支持的高额赌注对决。17 世纪末，随着媒体管制放松，报纸开始报道这些比赛，让每个人都能了解到哪怕是远方的比赛结果。早期的报道几乎完全集中在赌注上——今天的赌注已经超过 2 万美元，对比赛本身的细节着墨不多。这一点毫不奇怪，因为有如此多的人关注每场比赛并投入如此多的资金，球员、观众、押注者之间很快达成了共识：有必要统一板球的比赛规则。1744 年，由英国各地俱乐部代表在伦敦组成的委员会制定了第一套官方规则。到了 18 世纪与 19 世纪之交，使用这一规则的板球运动在整个大英帝国，也就是当时的全世界流行开来。

由蓓尔美尔街的斯塔和嘉德（Star and Garter）板球[1]比赛规则（1744 年）

---------- 规则 ----------

由掷币[2]决定第一个三柱门的位置。在距离第一个三柱门 3 英尺 10 英寸的地方画出第一条击球线（popping crease）[3]。在与第一个三柱门相对，距离 22 码处设置第二个三柱门[4]。在第二个三柱门前 3 英尺 10 英寸处画出第二条击球线。在三柱门三根门柱（stump）的延长线上画出投球线（bowling crease）[5]。门柱应高 22 英寸，横木（bail）长 6 英寸。[6]球的重量应在 5 ～ 6 盎司（1 盎司≈28.3 克）。场地设置完毕后，由掷币获胜的一方决定攻守方。

---

1. 1598 年，"板球"（cricket）这个名字（确切地说，是 crecket）首次出现在英格兰萨里郡的一份土地纠纷记录中。到了 1700 年，这个名字已经在全英广为人知。在伦敦制定规则的人肯定认为这项运动已经广为人知，因此既无须在规则中说明比赛的目的是获得最高得分（run，当时板球比赛的得分叫作"notch"），也不需要说明一场比赛分为两局（inning），每局两支球队交替比赛，每支球队均有 11 名球员上场。

2. 赛前掷币决定攻守双方的做法仍然盛行，胜方队长有权决定自己的球队先击（bat）还是先投（bowl，也就是美国球迷更为熟悉的 pitch）。过去，他还可以选择将场地中哪一段 22 码长的区域作为投球得分区 —— 球道（pitch）或方球场（field），但这种做法并没有保留下来。选择球道可以为球队带来优势，因为该处区域的特征（平坦或崎岖，草地或沙地）可以令一支队伍发挥其技术优势。自 18 世纪 70 年代末起，掷币的方式受到冷落，取而代之的是由客队选择球道及攻守顺序。

3. 球道的大小基本保持不变，但是现在的击球线长了 2 英寸。击球线标出位于球道两端的"据地"（home zone）或"安全区"（safe zone）。两名击球手中有人击中球后，需要跑到对方的该区域。之所以叫这个名字，是因为在早期的比赛中，球员必须将球板"迅速插入"（pop）一个洞内来记分。如今，用球板触碰该区域就行了。

4. 尽管最初并未划定整个赛场的大小，但现行的规则规定，边线与球道中心的距离不少于 65 码，与球道两端的距离不少于 70 码，且在任何方向上的距离均不得超过 90 码。典型的赛场呈圆形或椭圆形。

5. 为什么常用"bowling"来表示投球，而不是"throwing"或"pitching"？因为板球中的投球动作需要直臂完成，因此与棒球投手的曲臂动作有很大的不同。投球手不得抛球或"丢"（chuck）球。

6. 门柱是指垂直的木桩，它们与水平的"横木"一起构成了三柱门，也就是投球手的目标。现在的门柱高 28 英寸。1931 年，人们加高了门柱，以便给投球手提供更大的目标。

────────── 关于投球手四球制与轮（over）[7] 的规则 ──────────

投球时，投球手的一只脚必须位于投球线后[8]。连续投满 4 个好球之后，攻守双方交换场地，同一局中，只能更换一次投球手。[9] 他可以要求位于其所在三柱门处的对方球员站在三柱门的某侧，并与其保持合适的距离。[10] 如果投球时，他的后脚越过了投球线，裁判会宣布该球为废球（no ball），即使球被击中或者对方球员被投杀。裁判应主动宣布这一决定，任何人都无权要求他这样做。

───

7. 多年来，关于投球手在一轮中可以投出的球数的规则一直在变化。起初，四球制十分普遍，但自 1889 年起改为五球制，后来又在 1900 年变为六球制。在一些地方，特别是澳大利亚，曾一度采用过八球制，但自 1979 年以来六球制已成为全球通行的标准。

8. 今天仍是如此，如果投球时，投球手的后脚越过了投球线，则投出的球为坏球。不过，相关的规则可没有这么简单：现行的坏球规则有 16 项条款，有的条款包含 4 项附属条款，有些附属条款下还有 3 项次级附属条款。

9. 现在，一局可以派四五位投球手上场，既是因为目前的规则规定，任何防守队员都不得连续两轮担任投球手，也是因为派哪一位投球手上场取决于击球手是谁，以及他站在哪一边击球。

10. 现在依然如此，投球手会告诉裁判他将在门柱的哪一侧助跑，并要求位于投球端的击球手让出一定的空间，以免妨碍其助跑。助跑的长度取决于投球手的个人风格。有些人只需跑几米，为了提高球速，球速较快的投球手助跑的距离会更长一些。

关于击球手或场内击球手的规则

如果三柱门被击中且横木掉落则击球手出局。[11] 如果击球手在击球（而不是跑分）时击中、踩倒三柱门或自己摔倒在三柱门上，击球手出局。如果击球手用球板击出或碰出的球，或者球碰到击球手的手掌而不是手臂后，直接被防守队员在落地前接住，击球手出局。如果在击球过程中，击球手双脚均越过击球线，且三柱门被撞倒，除非球板落在击球线内，否则击球手出局。如果离开自己的据地去妨碍对手接球，击球手出局。球弹起后，如果故意在球到达三柱门前再次击球，击球手出局。如果击球手在三柱门之间跑动越过彼此后，三柱门被击倒，跑向被击倒的三门柱的击球手出局。如果他们没有越过 [12] 彼此，则返回的击球手出局。

11. 今天，击球手（striker 或 batsman）也会因为同样的原因出局：投出的球将门柱上的横木碰落；横木因其他原因掉落（如击球手自己失误将其击落或守备员在跑垒员到达安全区之前将球抛向横木并将其打落）；守备员在球落地前将球接住。

12. "越过"在这里是指两个跑垒员在跑动中互相经过的位置。要想得分，两位击球手都必须安全到达球道另一端的"区域"。

球板、脚、手越线

如果跑分（notch）[13] 时，对方在击球手的脚、手、球板越过击球线前，用球将三柱门击倒，或者用球击落横木的同时也打到了门柱，击球手出局。但是，如果横木在此之前落地，持球的守备员必须将门柱击倒，才能使击球手出局。如果击球手在球还未静止前触及或拿起球，除非这是投球手或守门手（wicket-keeper）[14] 的要求，否则击球手出局。如果球已被守门手或守备员接住，且击球手在据地之内，那么在下一个球投出前，他可以去场地中的任何地方。如果两名击球手中有人在跑分过程中故意越过另一人，是否故意由裁判决定 [15]（请注意：裁判可判定得分有效）。球被击中后，任何一名击球手均可在其跑动场地内阻止对方接球，或是直接把球击过三柱门，另一位击球手可以将身体置于球板挥舞范围内，以阻止投球手接球 [16]，但不能用手击球或触球。如果击球手挑起（nip up）面前的球，为了救球，他可能会在三柱门前倒下或在球飞抵门前之前扔下球板。即使球击中三柱门，如果横木依然留在某根门柱上没有落下，也不算出局。

13. 没错，实实在在的一道切口（notch），由指定的记分员刻在木头上，用来记录得分。目前尚不清楚，用纸笔记录是什么时候盛行起来的。

14. 守门手是场上唯一位置固定的球员：位于门柱后，负责接住或阻止（或至少试图阻止）击球手未击中的球。其他守备员的布阵则是一个复杂的策略问题。

15. 虽然大多数情况下一目了然，但是偶尔也会出现模棱两可的情况。具体来说，横木落地时哪位跑垒员跑得更远可能并不明显。如果出现不确定的情况，由裁判最终决定每位跑垒员应该抵达哪个安全区。

16. 当时，击球手可以在跑分的过程中阻碍对方接球，不允许用手，但可以用肩推（那些日子已经一去不复返了）。

守门手规则

守门手应站在三柱门后方，并与其保持合理的距离。投球手将球投出之前，守门手不得移动，也不得发出任何噪音干扰[17] 击球手。如果守门手的手、膝、脚、头位于三柱门上方或三柱门前，即使球击中三柱门，也不算击球手出局。

---

17. 现在仍然禁止守门手发出可能会令击球手感到不安的声音，但是与彬彬有礼的昔日球员不同，现代球员经常无视这条规则。守门手与守备员"锤击"（sledging）——发出尖厉的嘎嘎声——对手的情况十分普遍，以至于爆出最粗鲁、最低俗的脏话已经成为球场的常事。

裁判规则

每当有人出局时，每队有 2 分钟的时间换人上场，每手（hand）之间有 10 分钟的休息时间。[18] 应在球上做出标记，以免球被更换。[19] 裁判是球员是否出局、是否合理比赛、是否故意拖延、是否受伤（无论真实与否）的唯一裁定者，并可酌情给予合适的暂停时间。[20] 如果击球手确实受伤，可以允许另一名击球手上场，受伤的击球手也可再次上场，但不允许任何一方以任何理由派新球员上场。裁判是所有阻碍行为的唯一裁定者，包括在跑分过程中越过球员，站在不合理的位置击球等，如球员阻碍对方，可以直接判对方得分。除非有球员提出请求，否则裁判不得命令任何球员出局。[21]（这些规则对裁判也

适用。）每位裁判都是其所在三柱门处出现的小球（nip）、接杀、上场、出局，以及得分是否有效的唯一裁定者，他的决定不可更改，未经双方同意，不得更换裁判。投球手投完四球后，他应宣布该轮结束。（这些规则是独立的。）当两位裁判宣布开赛三次，拒绝开始的一方将被判负。

---

18. "手"（hand）似乎与"局"（inning）同义，但现在已不再使用这一术语。

19. 现在，在比赛用球上做记号的做法已不再像以前那样重要了。现在可以使用新球，是否允许换球取决于比赛与场地类型。

20. 最早的这些规则赋予了裁判最终裁决权。他有责任制止击球手"站在不合理的位置击球"——阻挡己方的三柱门，使投球手无法合理地击中三柱门——这是今天触身出局（leg before wicket，简称 lbw）的前身。也许有朝一日鹰眼或计算机判决审核系统可以帮助裁判做出正确的裁决。但是这个想法的实现尚需时日，因为世界上最有钱的板球赛事——印度超级板球联赛（简称 IPL）——的主办方是印度，不是英格兰。IPL 采用的甚至不是传统的板球赛制，而是 2020 规则（Twenty20）的单日板球赛——2003 年推出的缩短版比赛。

21. 明显出局的击球手总是自己走下场。但是今天，守备员必须要求裁判宣布出局，结果才能生效。

球队规模

各类运动的队伍人数

板球场地看起来可能很拥挤，但是由于每支队伍"只有"11名球员，它还不是最拥挤的比赛。

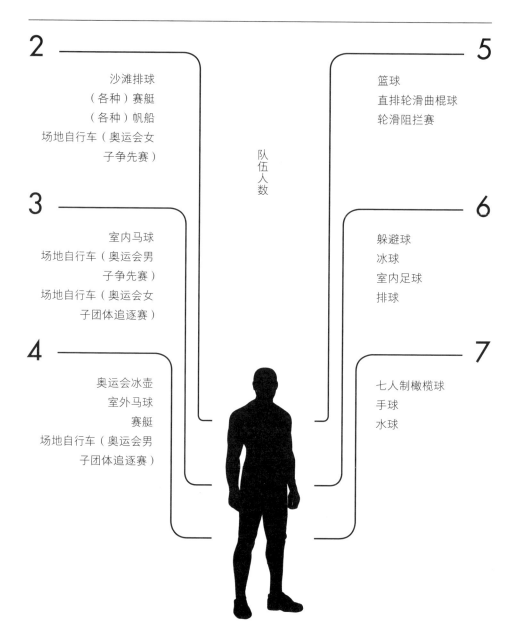

2

沙滩排球
（各种）赛艇
（各种）帆船
场地自行车（奥运会女子争先赛）

3

室内马球
场地自行车（奥运会男子争先赛）
场地自行车（奥运会女子团体追逐赛）

4

奥运会冰壶
室外马球
赛艇
场地自行车（奥运会男子团体追逐赛）

队伍人数

5

篮球
直排轮滑曲棍球
轮滑阻拦赛

6

躲避球
冰球
室内足球
排球

7

七人制橄榄球
手球
水球

运动起源

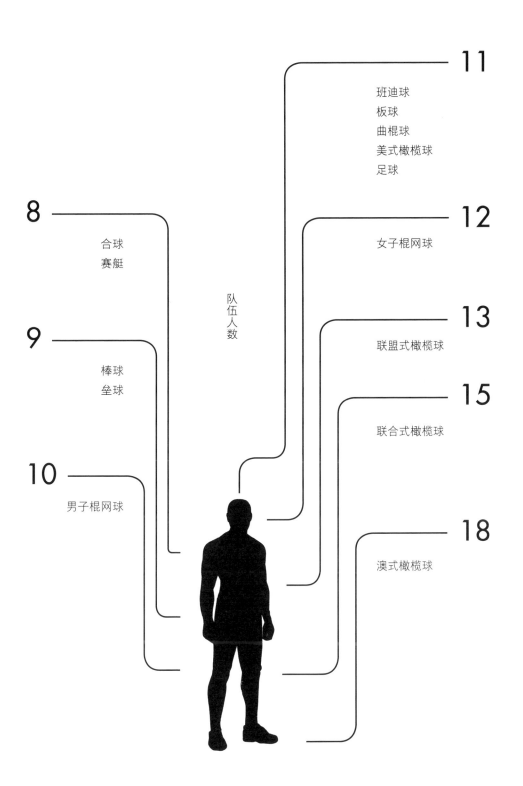

11

班迪球
板球
曲棍球
美式橄榄球
足球

8

合球
赛艇

12

女子棍网球

队伍人数

13

联盟式橄榄球

9

棒球
垒球

15

联合式橄榄球

10

男子棍网球

18

澳式橄榄球

板　球

梦幻橄榄球

    1962 年，继上一年 2 胜 12 败之后，美国橄榄球联盟（简称 AFL）的奥克兰突袭者队又输掉了新赛季的前 13 场比赛。如果能够在"二战"后满目疮痍的英国与披头士令人情绪高涨的唱片之间找到合理的联系，那么我们也能在那个赛季表现低迷的突袭者队与体育界最伟大的革命之间找到类似的联系。当球队在美国东海岸进行 3 场比赛的时候，奥克兰队的小老板比尔·温肯巴赫（温克）（Bill "Wink" Winkenbach）、球队公关比尔·滕内尔（Bill Tunnell）、《奥克兰论坛报》（*Oakland Tribune*）体育新闻记者斯科特·斯特灵（Scott Stirling）窝在纽约的一家酒店里，为他们真正有机会获胜的一种比赛制定规则：梦幻橄榄球。

    自亨利·查德威克（Henry Chadwick）在 1859 年设计了现代棒球技术统计表以来，美国人就开始根据运动员的数据对其进行评价。在电视和互联网出现之前，报纸上的每日统计让那些无法抢到现场座位的球迷有可能想象比赛的场景。比赛本身成为马后炮只是迟早的事——差不多只花了一个世纪的时间。梦幻运动本质上是一种模拟运动，在这种运动中，球迷可以利用运动员在赛场、球场、冰场上的表现来创造仿真的数据，并且据此展开竞赛。

    当今最流行的梦幻运动是团体项目：美式橄榄球、棒球、篮球、足球。玩家从不同的球队中选拔或竞买球员，以组建自己的球队。但是，实际上温肯巴赫在 20 世纪 50 年代就已经开始尝试围绕个人运动高尔夫创建模拟比赛：参赛者在赛前选定一队高尔夫球手，比赛结束时总杆数最少的"队伍"获胜。20 世纪 60 年代，根据球员在棒球比赛中的统计数据创建了类似的比赛。在社会学教授威廉·加姆森（William Gamson）发明的《全美棒球研讨会》（"National Baseball Seminar"）中，参与者选择隶属 MLB 的球员，并根据赛季末的统计数据获得积分。加姆森在哈佛任教时就设计了《全美棒球研讨会》这款游戏，当他受聘前往密歇根大学教书时，也将这款游戏带了过去。1980 年，一位名叫丹·奥克伦特（Dan Okrent）的密歇根大学校友发明了《旋转棒球》（"Rotisserie baseball"），人们理所当然地认为这开启了梦幻体育时代 / 时尚 / 运动。（这得益于奥克伦特和大多数《旋转棒球》创始人都是媒体行业的从业者）。但是，我们现在认可的首个真正的梦幻体育比赛是 1962 年在纽约的那家酒店里诞生的。根据技术统计表中仅有的三个数据 —— 得分者、得分方式、得分战术跑动的距离，"大奥克兰职业猪皮预测联盟"（Greater Oakland Professional Pigskin Prediction League，简称 GOPPPL）诞生了。

1963 年橄榄球赛季开始前不久，八支球队的"老板"聚集在奥克兰温肯巴赫家的娱乐室里，推出了 GOPPPL。今天的梦幻体育玩家可以在这里找到所有的游戏元素：轻松诙谐、丰富的茶点、狂热的粉丝、大量的规则，当然还有拙劣的选秀。梦幻橄榄球历史上第一位被选中的球员是突袭者队的四分卫乔治·布兰达（George Blanda）。选中他的是斯特灵和他的球队"教练"——酒吧经理安迪·穆萨利马斯（Andy Mousalimas）。两人错过了克利夫兰布朗队的传奇跑卫吉姆·布朗（Jim Brown）。他在那个赛季拿到 15 个达阵，并带着选中他的梦幻球队赢得了冠军。而斯特灵和穆萨利马斯的球队则是最后一名。

GOPPPL 官方规则（1963 年）

大奥克兰职业猪皮预测联盟，以下简称 GOPPPL[1]，特此创建。它应由八家俱乐部组成，每家俱乐部拥有一位所有者和一两名教练。

若想获得俱乐部所有权，必须满足以下三个条件之一：

    1. 在 AFL 的球队中担任行政职务。

    2. 与职业美式橄榄球直接相关的新闻工作者。

    3. 在 1963 年购买或售出 10 张奥克兰突袭者队季票。[2]

GOPPPL 的俱乐部所有者是：

    1. 鲍勃·布卢姆（Bob Blum）........................ 突袭者队播音员

    2. 菲尔·卡尔莫纳（Phil Carmona）......................... 季票销售员

    3. 拉尔夫·卡塞博尔特（Ralph Casebolt）.............. 季票销售员

    4. 乔治·格莱斯（George Glace）[3]................. 突袭者队票务经理

    5. 乔治·罗斯（George Ross）......《奥克兰论坛报》体育新闻编辑

    6. 斯科蒂·斯特灵（Scotty Stirling）...《奥克兰论坛报》随队记者

    7. 比尔·滕内尔 .... 突袭者队公关

    8. 比尔·温肯巴赫.. 季票销售员

---

1. GOPPPL 中的第三个 P 甚至没有在原始文件中提及，人们常误以为它代表预言者（prognosticator）。

2. 如果你觉得所有者的标准似乎有些随意且具有限制性，那就请你留意随后所附的初始所有者名单。

3. 格莱斯和一个名叫罗恩·沃尔夫（Ron Wolf）的年轻球探一起管理球队。后来，沃尔夫以绿湾包装工队总经理的身份带领球队赢得了真正的超级碗。

联盟的目的

该联盟的目的是将奥克兰最优秀的周六上午[4]橄榄球预测者聚集到一起，让他们的大脑（和现金）[5]互相对抗。由于该联盟仅由对奥克兰突袭者队怀着浓厚兴趣和感情的所有者组成[6]，有人认为联盟将自动增加对职业橄榄球日常活动的密切报道。[7]

联盟测试参赛者对 AFL 和美国国家橄榄球联盟（简称 NFL）球员技能和信息的了解情况。由于这项测试得到真实货币的支持，每家俱乐部的所有者在选秀前必须仔细研究所有可用的统计数据[8]、日程安排、天气条件、球员习惯及其他因素，以便维护其声望与财务状况。

因缺乏技能和研究而一败涂地的参赛者也将获得年度奖杯，象征失败者在这场艰苦比赛中的无能。[9]联盟总干事会在 1 月底为俱乐部所有者、教练及其配偶举办的年度 GOPPPL 晚宴上颁发该奖项。[10]

---

4. 虽然现在人们认为职业橄榄球赛主要是周日的娱乐活动，但在 20 世纪 60 年代，周六举办橄榄球赛是很常见的事情。

5. 当时，这项游戏的积分方式与现在不同，玩家的统计数据会转化为收入（根据本规则收益部分的规定）。如今则根据每阶段结果奖励或扣除点数 —— 例如，赢得的码数或丢掉的失球 —— 并根据这些点数计算球队总分，与每周挑战者的总分较量。在整个赛季中，每周的输赢都计入联盟排名。

6. 要是突袭者队能对球迷大本营如此忠诚就好了。1982 年，为了能在洛杉矶拥有更好的体育场，突袭者队离开了奥克兰。他们在洛杉矶留到 1994 赛季结束。随后他们返回奥克兰，但是他们一直威胁说要再度更换主场。

7. 平均而言，梦幻玩家每周投入自己球队的时间近 9 个小时。

8. 互联网出现之前，大都市报纸的体育新闻编辑似乎占据了明显的优势。猜猜谁赢了？

9. 具体而言，这个奖杯就是一张橄榄球形状的木脸，上面戴着一顶笨蛋高帽。

10. 游戏早期，女性并不受欢迎。如今，20% 的梦幻橄榄球玩家是女性。

联盟官员

GOPPPL 将有两名官员 —— 总干事一名和秘书一名。总干事负责主持所有会议、处理所有仲裁 [11]、委任所有委员会。秘书负责保存联盟记录与得分数据 [12]，以及在赛季结束时收取和分配所有款项。将在选秀晚宴上选择这两位官员。

---

11. 支付 15 美元，FantasyJudgment.com 将在 24 小时内处理一件争端；支付 100 美元可以在整个赛季不限次数地解决争端。
12. 互联网实现了自动计分，大大减轻了联盟秘书的负担。

选秀规则

职业橄榄球赛季开始前，俱乐部所有者可以在一次晚宴上从每个联盟中挑选 20 名球员。[13] 然而，最多只能从 NFL 中挑选 8 名外援球员。万一因球员受伤导致位置空缺，俱乐部所有者可以向总干事提出申请，以便从未入选球员中启用临时替补。[14]

---

13. 20 轮有点多了，今天的标准选秀最多只有 16 轮。
14. 目前的联盟每周都有补充 / 离队时段，在此期间，俱乐部老板可以用未入选球员替换他们名单上的球员。不得不为 GOPPPL 说一句，计算机使这项任务变得容易得多。

选秀方法

首轮选秀时，牌会分为第一顺位、第二顺位等。首轮最后一个选择的人或第八顺位会在次轮第一个选择。[15] 因此，第一顺位将得到第十六顺位和第十七顺位。所有的牌分好之后，每个所有者都将宣布他想从哪个位置选人。第二年，第一顺位由前一年的最大输家获得，依此类推。

---

15. 又名蛇形选秀。

―――――――――――――――――――― 玩家选秀 ――――――――――――――――――――

选秀

1. 4 名进攻线锋 [16]
2. 4 名半卫
3. 2 名全卫
4. 2 名四分卫
5. 2 名踢球员或弃踢回攻手
6. 2 名射门员
7. 2 名防守后卫或线卫
8. 2 名防守线锋

上场

2 名进攻线锋
2 名半卫
1 名全卫
1 名四分卫
1 名踢球员或弃踢回攻手
1 名射门员
1 名防守后卫或线卫
1 名防守线锋 [17]

射门得分或附加分只能记在指定的球员身上。[18] 周五上午 12:00 之前 [19]，必须将阵容邮递给联盟秘书。如果没有邮递阵容，就以前一周的阵容为准。

――

16. 进攻线锋指的是外接手和近端锋。

17. 在现在的标准版虚拟联盟中，一支球队通常由一个四分卫、两个跑卫、两个外接手、一个近端锋、一个灵活球员（跑卫、外接手或近端锋）、一个踢球员、一个防守组构成。

18. 早期的橄榄球踢球员与现代踢球员不同，他们并不是司有专职的球员。例如，吉诺·卡佩莱蒂（Gino Cappelletti）是波士顿爱国者队的外接手，保罗·霍尔农（Paul Hornung）是包装工队的跑卫。只有当俱乐部所有者指定他们为梦幻踢球员时，他们的射门得分与附加分才算数。

19. 如今，梦幻球队的所有者可以在己方开球前一分钟再决定是否将某位球员加入自己的阵容。

―――――――――――――――――――――― 收益 ――――――――――――――――――――――

以下列按得分分配收益的方法 [20] 为准：

1. 任何球员带球进入达阵区得 50 美分。
2. 任何球员在达阵区接到传球得 25 美分。[21]
3. 任何球员抛出达阵传球得 25 美分。
4. 任何 75 码之外的得分收益加倍。
5. 每次射门得 25 美分。[22]

6. 开球回攻达阵或弃踢回攻达阵得 2.5 美元。[23]

7. 防守后卫或线卫抄截对方传球达阵得 2.5 美元。

8. 防守线锋达阵得 5 美元。[24]

吹哨 [25]

---

20. 这种奖赏方式已经在很大程度上让位给了赛季末在全联盟范围内一次性分配入场费现金池的做法。

21. 为什么带球达阵的价值是接球达阵的两倍？ 1963 年，在注重传球的 AFL 比赛中，接球达阵是带球达阵的 1.6 倍；外接手的达阵与跑卫的达阵比率为 5：1。

22. 从现代的角度来看，射门与达阵价值相同似乎很荒谬。现在梦幻比赛中的射门（至少 39 码）和真实球场上的射门价值相同——均为 3 分，是达阵得分的一半。但是在 1963 年，射门相当罕见：一场比赛每支队伍射门与达阵的比率小于 1：2.7。（2014 年，平均每支球队射门 1.6 次、达阵 2.5 次。）

23. 1963 年共有 16 次开球回攻达阵和弃踢回攻达阵。

24. 当年防守线锋达阵的人数为零。

25. 指的是开球前裁判的信号，也是不出所料的那种愚蠢的结束信号。

梦想时分

梦幻运动的线性历史

利用现实世界中运动员的成就来推动梦幻运动的发展的想法比大多数梦幻运动迷想象的还要久远。运动的范围也更广，今天重要的梦幻运动包括赛车（巡回赛）、棒球、篮球、巴斯钓鱼、板球、曲棍球、橄榄球（美式和澳式）、高尔夫、冰球、英式橄榄球、足球、摔跤。

1951 年
最早的运动模拟游戏《美国职业棒球协会》（"American Professional Baseball Association"）首次亮相。在特定情况下真实球员（用卡片代表）的结果纯粹靠运气决定（掷骰子）。

1960 年
威廉·加姆森创立了《全美棒球研讨会》，这款梦幻游戏原型仅依靠四项统计数据：打点、打击率、防御率、胜场。

1961 年
"Strat-O-Matic" 首次亮相。这款基于骰子的桌上游戏模拟了基于统计研究的结果。它共推出了三个版本：棒球、足球、曲棍球。

1963 年
世界上首个梦幻联赛，大奥克兰职业猪皮预测联盟，举行了首次选秀。当时，大约有十几个美国人在玩梦幻运动。

1974 年
被认为是最早的女性梦幻团体运动，GOPPPL 女性版在奥克兰的国王 X 运动酒吧成立。

1980 年
《旋转棒球》发明，它使梦幻运动风靡全球。联赛的名字源自创始人丹·奥克伦特及其合伙"所有者"经常光顾的一家曼哈顿法国餐馆 La Rotisserie Française。每位所有者在 22 位球员身上"花费"250 美元。下一个赛季，他们在名册上增加了一名投手并将薪资上限提高到 260 美元，至今《旋转棒球》联赛依然沿用这一标准。

1981 年
纽约岛人队的球探尼尔·史密斯（Neil Smith）和一个朋友发明了梦幻冰球。《冰下冰球联盟》（"Off-Ice Hockey League"）有十位"所有者"，但只计算进球。

1984 年
班坦图书公司（Bantam Books）出版了第一版《旋转棒球》。不久后，《纽约时报》在一篇文章中报道了一本自行出版的书籍《1984 年梦幻橄榄球文摘》，作者是明尼苏达州球迷小汤姆·凯恩（Tom Kane Jr.）和克里夫·卡彭蒂耶（Cliff Charpentier）。梦幻橄榄球风靡全国。

1992 年

丹尼斯·莱波雷（Dennis LePore）在克利夫兰《老实人报》（Plain Dealer）上撰写了一篇文章介绍梦幻篮球的概念，以填补棒球赛季结束之后的空白。

1995 年

ESPN 推出了一个在线梦幻橄榄球平台，向用户收费 29.95 美元。

1998 年

SI.com、FoxSports.com 等媒体进军梦幻运动行业，均向粉丝收取游戏费。

1999 年

为了应对美国国会对在线赌博的审查，几家组织联合成立了梦幻体育业者协会（Fantasy Sports Trade Association）。与此同时，Yahoo.com 推出了首个免费的梦幻橄榄球网站。

2002 年

梦幻足球英超联赛首次亮相。

2003 年

超过 1500 万 12 岁及以上的美国人和加拿大人参与梦幻运动。

2006 年

美国国会通过了《非法互联网赌博执行法案》（Unlawful Internet Gambling Enforcement Act），但该法案认为梦幻运动是一项技能游戏而非赌博，因此对其予以豁免。

2007 年

在美国国会有利裁决的帮助下，梦幻体育直播（Fantasy Sports Live）推出了一款每日梦幻游戏。包括最终的市场领导者 FanDuel.com 在内的大量其他公司都准备好了自己的产品。

2008 年

近 3000 万 12 岁及以上的美国人和加拿大人参与梦幻运动。

2010 年

丰田名人堂——梦幻运动玩家的在线纪念之所——首次亮相。

2014 年

超过 4100 万 12 岁及以上的美国人和加拿大人参与梦幻运动。

2015 年

每日梦幻游戏的网站遭到围攻。据称其员工从内部信息中获益，丑闻出现之后，政府机构开始关闭这些网站，认为它们是赌博，而不是技能游戏。

梦幻橄榄球

曲棍球

本书介绍的许多运动都是 19 世纪中叶来自英国的"舶来品"，曲棍球就是其中之一。很难确定这项运动的具体起源，但它之所以在国际上迅速传播 —— 自 1875 年最早编纂比赛规则到 1908 年出现在夏季奥运会上 —— 则是大英帝国无与伦比的影响力带来的直接结果。

1815 年大败拿破仑之后，英国成为当时世界上唯一的超级大国。包括前哨站、殖民地、属地、保护国在内，英国拥有约 1000 万平方英里（1 平方英里 ≈ 2.6 平方千米）领土和约 4 亿国民 —— 占当时全球人口的四分之一。据说，在接下来的 100 年里，大英帝国成了名副其实的日不落帝国。英国将其技术和工业，以及发明的体育运动一同带到了这些土地。

在起草法律、征收税款、交易商品、开发征服的土地和使其现代化的间隙，成千上万的英国人 —— 士兵、官僚、商人 —— 都需要一些消遣。因此，他们通常会在当地的社交俱乐部里玩他们最喜欢的游戏和运动。在那里工作的侍者、管家、厨师、杂役都是当地人，他们全都体验过（而且往往十分精通）各类"英式"运动 —— 橄榄球、足球、板球、曲棍球。这也是为何这些运动如今在世界各地十分流行的原因。

但是，早在大英帝国向外扩张之前，生活在世界不同角落的人们就已开始进行各类曲棍球比赛了。最早的曲棍球原型可以追溯到古希腊。早在公元前 1270

年，印度似乎也已出现了这项运动的身影——很久之后，英国人才踏上印度的土地。根据 16 世纪欧洲探险家的记录，当时的智利有一种名为"chueca"（意为"扭曲的某物"）的运动，显然这个词指的是运动中所使用的弯曲的棍子。欧洲的曲棍球运动似乎始于 14 世纪的英格兰，只是它很快就被皇家法令禁止——几乎所有被国王认为过于分散（人们对工作或军事职责）注意力的运动都难逃这一厄运。

19 世纪 40 年代，为了找到足球的替代运动，英国的公学学生复兴了曲棍球运动。伦敦及周边地区涌现出一些曲棍球俱乐部，而且全都修改足球比赛的规则以适应球棍的使用。一些俱乐部倾向于使用方形橡胶块进行更简陋的比赛——说真的呢，我们可没骗人——但是更合理的比赛方式得到了特丁顿曲棍球俱乐部（Teddington Hockey Club）成员的支持，该俱乐部是现代曲棍球的鼻祖。（特丁顿的球员们在一个闲置的板球场的外场训练，他们更喜欢板球比赛的用球，因为它的运动轨迹比方块更容易预测。）他们在 1875 年左右制定的规则包括禁止将球棍举过肩膀以及只能在球门前的圆圈或 D 形区域内射门。大多数专家认为，特丁顿规则点燃了现代曲棍球运动的火种，但是要调和各家俱乐部规则的龃龉，则要等到 1886 年一家稳定的管理机构——曲棍球协会（Hockey Association）在伦敦成立。直到那时，这项运动才开始真正走出英国本土。

最终，各项在殖民地扎根的英式运动并没有消除帝国主义者在海外遭到的怨恨，但事实上它们可能提供了一种引导人们排解这种情绪的方式。例如，曲棍球首次在奥运会亮相的时候，只有少数几个国家参赛。到了 1928 年，参赛队伍增加了两倍，英国在这项运动中的主导地位也在不断削弱。印度，这个经常动荡不安的殖民地，在当年的奥运会决赛中（击败荷兰）夺得冠军，并在其后的 28 年里，将每届夏季奥运会的曲棍球金牌收入囊中。

特丁顿曲棍球俱乐部
曲棍球规则（1875 年）

规则	注释
··· 1 ··· **赛场长度不应超过 150 码或少于 100 码[1]；宽度不应超过 80 码或少于 50 码。赛场四角应插上标志旗杆。球门由两根相距 6 码的直立门柱和一根系在门柱间、距地面 7 英尺的窄布条组成。[2]**	1. 随着时间的推移，曲棍球赛场（pitch）的尺寸不断缩小，如今已与足球场大小差不多：100 码 × 60 码。 2. 今天的球门已缩小到 4 码宽。脆弱的布条早已被横梁取代，但其距地面的高度依然维持在 7 英尺。
··· 2 ··· **所用球棍应为曲棍球协会[3]批准使用的弯曲球棍。比赛用球应为普通大小的板球。[4]**	3. 曲棍球协会已被 1924 年成立的国际曲棍球联合会（按其法语名称的顺序简称 FIH）所取代。FIH 负责监督国际比赛中使用的所有球棍和球。1994 年开始用由凯芙拉（Kevlar）和玻璃纤维等轻巧而坚韧的材料制成的复合材料球棒替换以前的木质球棍。 4. 不，现在已经不用板球了。曲棍球由硬质凹痕塑料制成，周长约为 9 英寸。
··· 3 ··· **比赛应由场地中央的开球（bully）开始或重新开始。[5]双方仅能在半场结束后交换场地。[6]**	5. 开球（bully 或 face-off）已被抛币所取代。现在只有在伤停之后才需开球。开球时，双方各派出一名球员，在击球前将球棍置于静止的球上方并轻触对方球棍。 6. 半场时间为 35 分钟。

规则	注释

… 4 …

进攻方将球击到对方球门线后方时，应将球放置在距离球门线 15 码处，通过开球重新开始比赛。[7] 如果防守球员将球击到己方球门线后方，则进攻球员应从距离最近的角旗不到 1 码的范围内将球击出，球被击出前，其他球员与球之间的距离不得少于 20 码。

7. 在许多早期的比赛中，控球权属于击球出界的一队。最终，人们认为该队不应获得控球权，因为他们没能控制住球。现在，这里的 15 码规则（现在的 15 米规则），只有当防守球员在距离己方球门不足 15 米的范围内将球击出己方底线时（很可能是为了阻挠对方得分而做的最后一搏）才适用。进攻方因此将获得一次罚任意球（free hit）的机会。

… 5 …

一方将球击出界外（touch）[8] 之后，对方球员应从球出界处按与边线成直角的方向[9]将球滚出至少 10 码[10]。球落地前，不得击球。其他队员未接触球之前，滚球入界的队员不得再次击球。此时，所有球员都应位于球的后方。

8. 出界。

9. 现在依然如此，只不过取消了直角这一要求。而且不再是用手将球"滚入"，而是用球棍将球"击入"或"推入"。

10. 由于如今曲棍球是国际运动，所有尺寸通常都是以公制单位来表示，不过在美国仍然使用英制单位。

… 6 …

球员击球时，同队球员不得比该名球员更靠近对方的球门线，不得在球被击出前触球或以任何方式阻止其他球员触球，除非至少有三名防守球员比他更靠近他们自己的球门线。[11] 但是如果球从球门线处击出时，则不受该规则的限制。

11. 为了增加得分的机会，FIH 于 1998 年取消了对于越位的限制。

… 7 …

允许用身体停球[12]，但是不能用任何身体部位带球或击球。球员不得将球棍举过肩部。只得从右向左击球，不得从左向右击

12. 但是球员不能故意用脚停球。

规则	注释
球或反手击球[13]**，不得撞、绊、拉、踢、打对方球员。**	13. 曲棍球球棍（见第 216 页）的棍头左侧为平面，而且只能用这一面击球，这就使得左撇子在这项运动中处于劣势（禁止使用专门为左撇子设计的球棍）。只有巧妙地扭转球棍才能实现反手击球，不过也不是无法做到（如今的比赛并不禁止反手击球）。
··· 8 ··· **只有当球从布条下越过两根门柱之间的球门线时，进攻方才能得分。**	
··· 9 ··· **如果球与最近的门柱之间的距离超过 15 码，则不得射门。**[14]	14. 必须在得分圈（围绕射门区域的 D 形弧线）内射门。但是，罚点球时，需要将球放置在距离球门仅 7 码（6.4 米）的线上。
··· 10 ··· **开球时，所有球员都必须站在球的后方。**[15]	15. 也不完全是，球员只需站在离球 5 码之外的地方。
··· 11 ··· **违反上述任何一条规则时**[16]**，应将球带回中场进行开球。**	16. 如今，某些违规行为是通过亮牌制度来管理的，类似于足球比赛中的亮牌制度。裁判出示绿牌警告犯规球员；出示黄牌将犯规球员暂时罚出场（至少 5 分钟）；出示红牌将犯规球员驱逐离场。
··· 12 ··· **通常每队有 11 名球员上场。**	

曲棍球

进球得分

得分手势及相关裁判

无论我们如何称呼那些负责在比赛中维持秩序的人——主裁判、官员、副裁判、边线裁判（linesman）、卫裁（back judge）——其中大多数人的主要职责是判定一方是否得分并向所有人传达这一事实。下面的例子是一些确认有效得分的手势。

（请注意：在某些运动中，有多种得分方式，此处未全部列出。）

澳式橄榄球（Goal，六分球）

得分手势取决于得分方式。澳式橄榄球的场地两端各有四根白色的门柱，中间的两根门柱较高，两边的门柱较矮。如果球员踢进六分球（球踢进中间两根门柱之间的区域），球门裁判（四位场内官员之一）会抬起前臂，双手手指向前。但是如果球员踢进一分球（behind，球击中门柱或踢进高门柱与矮门柱之间的区域），球门裁判会单手做出同样的手势。

棒球（得分）

对于直臂指向本垒板这个非官方手势的使用存在一些分歧——一些主审（常规赛期间设有四位裁判，分别位于一垒、二垒、三垒和本垒，主审在本垒）在无须表示安全上垒的情况下用该手势表示得分。但问题是，如果主审没有做出指向本垒板的动作，有可能暗示球员没有触到本垒。无论如何，这种失误都应由对方球队经理记录并报告。

篮球（三分球）

NBA 的赛场上设有三名裁判，均为男性，直到 1997 年，维奥莱特·帕尔默（Violet Palmer）和迪伊·坎特纳（Dee Kantner）成为美国所有重大职业赛事中最早的两位女性官员。如果有人尝试投三分球，裁判就会举起一只手臂；如果投篮成功，则会再举起第二只手臂。

曲棍球

板球（六分打）
裁判双手举过头顶，示意该球为六分打。如今，大多数比赛都有两名场内裁判，分别位于球道两端的区域线后。

曲棍球（进球）
裁判蹲身指向中场，示意球员进球得分。每场比赛设有两名裁判。

运动起源

美式橄榄球（达阵、射门、附加分）

美式橄榄球场上有七名官员 ——主裁、副裁、卫裁、场裁（field judge）、边裁（side judge）、副线裁（line judge）和主线裁（head linesman）。七名官员各司其职，但是任何官员均可通过举起双臂来示意球员得分。

冰球（进球）

在国家冰球联盟（简称 NHL）比赛中，两位裁判均能通过抬起一只手臂指向进球的球门来示意球员得分（但是两名边线裁判没有这项权力）。

曲棍球

棍网球（进球）

棍网球大联盟（简称 MLL）比赛有三名场内裁判，其中任何一名都可以通过先举起双臂，然后向前伸臂的动作示意球员进球得分。

联盟式橄榄球（达阵）

场上有三名官员：一名裁判和两名助理。直臂指向地面示意达阵。

联合式橄榄球（达阵）

三名官员巡场。单臂向上伸直示意达阵。

足球（进球）

一名主裁判和两名助理裁判（以前称边线裁判）掌管赛场。尽管没有表示进球的正式手势，很多裁判还是会直臂指向中线示意球员进球得分，比赛将从中线重新开始。

曲棍球

美式橄榄球

　　一个国家对运动的热情在很大程度上反映出其国民的性格。巴西人的桑巴足球就是一个很好的例证，他们行云流水般的跑动与充满创意的传球展现了这个国家富有艺术性且热情奔放的精神。不过，展示体育和社会共生关系的最佳范例无疑当属美式橄榄球。

　　在美国，橄榄球首先是一场争夺地盘的游戏。对于一项诞生于以"昭昭天命"（manifest destiny）为国家信念的世纪的运动来说，这极其合适。对于此后的每一代球员与球迷来说，缓慢改变的比赛规则重新定义了这项运动，而且体现了美国司法系统的错综复杂。最终，这项运动的本质 —— 混战 —— 引起了美国人心灵中的阴暗面。

　　在19世纪下半叶出现的各类"橄榄球"中，美式橄榄球无疑是最暴力的。它诞生于19世纪60年代末，最初是英式橄榄球和足球的混合体：大多数球员都是大学生，每队多达25人，他们试图在不带球跑动或传球的情况下将球踢过或击过球门线。随着维多利亚时代的强身派基督教（Muscular Christianity）思想在美国生根发芽，橄榄球蜕变为一种更具身体对抗性且需要带球跑动的运动。（强身派基督教强调虔诚和男子气概，这也是发明了篮球和排球的美国基督教青年会重视体育运动的原因。）球队倾向于依靠"动量"（mass momentum），本质上就是全速冲入对方场地，希望能够在球场上向前推进。

美式橄榄球和当时其他新兴的运动一样，各地的玩法不尽相同。如果没有一套共同认可的规则，很可能就会淡出历史。恰好在这个崇尚"英雄史观"的国度，有一个美国人以卓越的远见和非凡的意志力，打造了一项可望成功的运动。沃尔特·坎普（Walter Camp）是公认的美式橄榄球之父，他是耶鲁大学出色的球员和教练。在 1880 年的一次规则会议上，他透露将在比赛中引入争球线（line of scrimmage），这是他对比赛做出的第一项改动。可以说，争球线是美式橄榄球赛最显著的特征，它明确了控球权，取消了英式橄榄球赛中扑搂对手之后用混战或并列争球（scrum）重新开始比赛的做法。争球线的引入很快导致许多进攻位置的演变，这些位置至今仍在橄榄球赛中占据着重要地位。然而，橄榄球依旧缺乏风格与内容，既异常危险（正面碰撞）又极其无聊（根据对规则的解读，球员可以采取拖延战术）。在此后几年的规则大会上，坎普继续推行他对橄榄球的愿景，创造了进攻分段（档，down）、得分系统、中锋发球（center snap）、安全分（safety），并制定了许多基本战术。

尽管坎普进行了创新，但是橄榄球仍然十分危险。大多数球队仍旧采用"动量"策略，几乎每场比赛都有球员严重受伤。1905 年，19 名学生在大学橄榄球比赛中丧生，人们呼吁禁止这项运动。但包括总统西奥多·罗斯福在内的许多权贵都是橄榄球的拥趸，他们不希望看到这项运动消失。罗斯福召集了几所主要高校的负责人（这才有了我们现在所知的国家大学体育协会），并指示他们制定规则以增强对于球员人身安全的保障。以沃尔特·坎普为首的委员会被委以改革比赛的任务。

自从 25 年前开始改进橄榄球运动以来，坎普始终没有停下自己的脚步。这一次，这项运动终于真正"起飞"了：在《1906 年斯波尔丁官方橄榄球指南》（*Spalding's Official Foot Ball Guide for 1906*）中，一直以来被嘲笑是准合法诡计的向前传球（forward pass）终于赢得了胜利。正如斯波尔丁在该指南封面上宣扬的那样，"新规则"是由沃尔特·坎普所编辑的，其中包括对传球的探索。那年秋天见证了现代美式橄榄球的诞生。

沃尔特·坎普
1906 年官方橄榄球规则

球场、装备、球员、官员等

―――――――――――――――― 规则 1 ――――――――――――――――

（a）比赛应在长 330 英尺、宽 160 英尺[1] 的长方形场地上进行，赛场四周用石灰[2]画出白色粗线。两端的线称为"得分线"；两侧的线称为"边线"，并应被视为超出它们与得分线的交点。

球场上每隔 5 码，标画一条平行于得分线的白线；每隔 5 码，标画一条平行于边线的白线。[3]

球门应放置在每条得分线的中间，由两根高度超过 20 英尺[4]、相距 18 英尺 6 英寸的门柱和距地面 10 英尺的横梁组成。

（b）所用橄榄球应为长椭球体，由皮革制成，包裹一个充气橡胶球胆。

（c）比赛分两方，各派 11 名球员上场。

―――――――――――――――――――――――――――――――――

1. 今天的球场长 360 英尺，包括两端得分线各自向外延伸 10 码所形成的端区（end zone）。1912 年引入了端区，目的是为球队提供完成得分线传球（goal line pass）的空间。此前，传球（从这套规则才开始制定相关条款 —— 参见规则 14）必须在得分线"界内"的一侧完成，球越过得分线才算达阵。

2. 反正是一种白垩质碳酸钙，或是用白漆。

3. 坎普对规则中的条目都进行了注释或标明了例外的情况。例如，此处他解释说，与得分线平行的线有助于测量推进的距离，而与边线平行的线则划定了不允许掷球的空间。坎普还在另一条单独的注释中建议设置两根杆，中间用 10 码长的链条或绳索连接，以确定首攻（first-down）的码数（从 5 码改为 10 码）。"链尺"至今仍在使用。

4. 体格强健的踢球员需要更高的门柱 —— 确切地说，是 45 英尺高的门柱。20 世纪 20 年代，门柱的位置被移至端区底部，但是未满 10 年又被移回了得分线，直到 1974 年才回到这片干扰性小得多的区域。

（d）随时可以换人。换人时，替换上场的球员必须直接向主裁报告，之后才能上场比赛。替换下场的球员不得再返回参加比赛。[5]

（e）球员不得在球鞋上安装凸出的钉子或铁片，或是在身上佩戴任何凸出的金属或硬物，否则不许参加比赛。如需佩戴头盔，则头盔不得由底革、制型纸板（papier-mâché）[6]、其他坚硬或无法弯曲的材料制成，其他护具的佩戴与填衬需获裁判准许，不得威胁其他球员的安全。此后一直允许在球鞋上安装皮制防滑钉。

（f）赛场官员包括一名主裁、两名副裁和一名线裁。[7]

---

5. 1941 年首次允许替换下场的球员重新上场，这一变化开启了今天的攻 / 防分组体制。在此之前，球员肩负进攻和防守的双重责任。

6. 头盔的发展已经取得了长足的进步（见第 82 页的 "头部护具的故事"）。然而，有证据表明，橄榄球运动员的保护措施仍然不够完善，因为很多球员在退役很久之后都会出现严重的脑创伤症状。一些专家认为，头盔技术的所有进步实际上增加了球员受伤的概率，因为球员会在比赛中更加无所顾忌。

7. 如今共有七名官员，包括：一名边裁，确保比赛时球员位于界内；一位卫裁，巡视在攻方前场的球员的动作；一位副线裁，密切注意争球线。

规则 2

（a）比赛时长为 60 分钟，分上下半场，每半场 30 分钟[8]，伤停时间不计在内。上下半场之间应有 10 分钟的中场休息。

（b）如果比赛开始的时间过晚，主裁认为天黑有可能影响比赛[9]，应在比赛开始前自行缩短比赛时长以确保可以完成时长一致的上下半场比赛，并将具体的时长告知两队队长。在该问题上拒绝遵守主裁意见的队伍将丧失比赛资格。

---

8. 现改为 4 节，每节 15 分钟。

9. 1929 年，NFL 首次在灯光照明下进行比赛。

规则 3

胜负应以全场比赛结束时两队的最终得分来决定。以下是各种得分方式的分值：

达阵，5 分。[10]

达阵后射门（goal from touchdown），1 分。[11]

射门（goal from the field），4 分。[12]

安全分，2 分。

---

10. 1912 年，达阵的分值变为今天的 6 分。

11. 又名附加分，不过在 1922 年之前形式略有不同。

12. 在不到 3 年的时间里，分值减少了 1 分。

规则 4

踢球方式

（a）"定点球"（place-kick）是指将球按在地上，然后用脚踢球。[13]

（b）"开球"（kick-off）是在场地中央的定点球。开球时不能射门（规则 7）。

（c）"弃踢"（punt）是指用手把球扔下并在球落地之前将其踢向远处。

（d）"底线开球"（punt-out）是指已达阵一方的球员为了安全接球（fair catch），将球弃踢给己方的另一位球员。（规则 21，c）

（e）"落地球"（drop-kick）是指用手把球扔下并在球从地面弹起的瞬间将球踢出。[14]

（f）"重新开球"（kick-out）是指由得到安全分或回阵（touchback）一方的球员所踢的落地球、定点球或弃踢。[15]

（g）"自由球"（free-kick）是指当对手因受规则限制而无法在球进入比赛前越过某一点时，踢出的所有球。

---

13. 你踢过横在地上的橄榄球吗？所以队友的任务是把球立起来。

14. 现在，落地球的准确度大不如前，因此是一种很少使用的战术。
   NFL 最新一次成功的落地球还是在 2006 年。

15. 达阵之后不行，安全分之后可以，但其实已被自由球取代。

术语定义

（a）本规则中的术语"比赛场地"（field of play）是指以得分线与边线为界的矩形空间。

（b）"争球"（scrimmage）是指持球者将把球平放在地上，使其长轴与争球线构成直角，并通过向前踢球或向后发球的方式开球。

  （1）除非裁判宣布死球，否则争球将一直继续。

  （2）除非有其他特殊规定，否则总是通过争球来开球。

（c）每一方的"争球线"是一条平行于得分线的假想线，并穿过橄榄球最接近该方得分线的位置。

（d）"安全接球"是指对方球员将球踢出后，球员在球接触地面之前接住球，或以类似方式在己方球员底线开球时接住球，但前提是该球员在向球移动时，必须将手明显地举过头顶，示意他打算安全接球，并且在接球后不得迈出两步以上。

  （1）接球点的标记应为实际接球的地点，如果接球手接球后在规则允许的范围内向前移动，则应将球带回标记处。

  （2）如果球踢出后，接球手一方的球员在球被接住前触碰了球，则不属于安全接球。对方的越位球员不得以任何方式干扰有机会完成安全接球的球员，也不得在球员安全接球后将其扑倒。

  （3）一方安全接球之后，可以通过弃踢、落地球、定点球、争球的方式让球进入比赛。如果选择踢球，则对方球员不得进入安全接球点 10 码范围内，而且球必须从接球点后方、边线的平行线上踢出。[16]

（e）主裁吹哨或宣布死球时，即为"档"。出现下列情况时，主裁将吹哨或宣布死球：

  （1）持球者高喊"档"。[17]

  （2）当持球者被对方球员抓住时，其除手和脚以外的身体任何部位接触地面。

  （3）当持球者出界时。

  （4）当持球者被拉住从而使其向前推进结束时。

  （5）向前传球时，球在传出后未被任何一方球员触及的情况下接触地面。

  （6）向前传球时，球在传出后未被任何一方球员触及的情况下越过球门线。

  （7）踢出的球（开球和自由球除外）落在场内，并在未被任何一方球员触及的情况下滚过球门线。

(f) 当主裁宣布球员合法持有的球为死球，且球的任何部分处于对方球门线上、球门线上空或球门线后方时，即完成"达阵"。

(g) 当主裁宣布防守己方球门的球员所持有的球为死球，球的任何部分处于己方球门线上、球门线上空或球门线后方，并且将球送至或送过球门线的动力是由对方球员提供时，即完成"回阵"。主裁应宣布球在球门线后方成为死球，就如同其在赛场上成为死球一样。

(h) 当主裁宣布防守己方球门的球员所持有的球为死球，球的任何部分处于对方球门线上、球门线上方或球门线后方，并且将球送至或送过球门线的动力是由防守方球员提供时，即为"安全分"。此类推动力可能来自：

（1）己方球员踢球、传球、回球、掉球。

（2）踢出的球撞到对方身体后弹回。

（3）持球者被迫退回，但前提是球在到达或越过球门线前未被主裁宣布为死球。

持球方有球员犯规，且该犯规行为导致球传至位于犯规者一方球门线后侧的对方球员时，也属于安全分。此外，安全分还包括球员从己方球门线后踢出的球越过两侧边线延长线的情况。

(i) "达阵后射门"是指直接通过定点球射门，或先底线开球，后定点球的方式射门。

(j) "射门"是通过从场内将球踢过对方球门横杆完成，弃踢与开球除外。

(k) "犯规"是指违反任何规则的行为。

(l) 当球或持球者的任何部位接触边线、边线延长线、边线外的地面时，球即为"出界"。

(m) 球员用膝盖以下的腿部阻挡他人膝盖以下的腿部，为绊倒他人。

(n) 空地"跨越过人"（hurdling）是指越过或试图越过站着的对手。争球跨越过人是指越过或试图越过争球线上站着的对手，后者的脚或膝盖位于球进入比赛位置的两侧 5 码范围内。

---

16. 显然，从球员位置、球的移动、得分等方面来说，以前更强调踢球。自从允许传球以后，这些与踢球相关的晦涩规定已经变得无关紧要。

17. 听起来有点像在喊"Uncle（叔叔）!"不用说，现在已经没有这一项了。

---------------- 规则 6 ----------------

出现下列情况时，球成为"死球"：

  （a）主裁吹哨或宣布完成档、达阵、回阵、安全分、射门。

  （b）完成安全接球。

  （c）当持球者被对方球员抓住时，其身体的任何部位（手或脚除外）接触地面。

  （d）球被踢出后，在未接触非越位球员或任何可以触球的球员之前出界。

  （e）持球者出界。

---------------- 规则 7 ----------------

（a）在比赛开始前双方队长掷币，胜者可以选择防守方或进攻方。如果胜者选择防守，另一队必须开球。每次达阵后射门后及射门后，两队均需交换场地。刚失分的一方可以选择由自己或对手开球。[18] 下半场开始时，球队不得选择上半场开场时所使用的球门，且应由上半场开场时的防守方负责开球。

（b）开球时，如果球在未触及对方球员的情况下出界，应将球带回开球点重新开球。如果第二次开球仍出界，则交由对方开球。如果任何一方因此被收回球两次，则应将球交给对手，由对手在场地中央通过争球开始比赛。[19]

（c）开球时，如果球被踢过球门线，并在防守方球员持球时成为死球，属于回阵。如果球没有成为死球，防守方可以按球未越过球门线时一样，带球跑动或者直接踢球。如果在进攻方球员持球时成为死球，并且持球者没有越位，则算作达阵。

（d）当开球、弃踢、落地球、安全接球后的定点球被踢出前，对方应站在距离球至少 10 码的位置。

---

18. 为什么失分的球队优先选择把球踢回给对方？推进球是一件相当困难的事，所以失分的球队可能会选择开球，希望能够迫使对方在靠近其球门线的地方弃踢，然后通过将球踢回，以取得比从常规进攻获得的位置更好的位置。

19. 现在，每队只有一次开球的机会。如果球出界，则由对手在 35 码线处开球。

规则 8

（a）如果比赛不得不推迟，或是必须将球带出以便进行达阵后射门、重新开球或安全接球后开球，抑或是主裁因任何原因暂停比赛，都应暂停计时。比赛重新开始时，继续计时。[20]

（b）每个半场，每队队长[21]有三次叫停比赛而无须受罚的机会。但是，如果三次叫停后队长再要求暂停，每暂停一次将被罚 2 码（除非有一名球员离场），但档数和已经取得的推进距离保持不变。主裁可以根据自己的判断随时暂停比赛，在这种情况下，两队均无须受罚。

（c）除非球成为死球，否则不得结束半场，在达阵的情况下，允许达阵后射门。

（d）任何原因造成的延迟均不得超过 2 分钟。[22]

---

20. 没错，但是如果没有停止计时，场上的球员就不能消极比赛。每一档进攻间隔 40 秒。

21. 实际上，主教练或场上的任何球员都可以叫暂停。

22. 两分钟的规则是为了防止拖延战术而制定的，不过，现在已经很少有人采用这种战术了。要是电视台重播的时候也能遵守这一规则就好了。

规则 9

（a）发球员（snapper-back）有权在完全不受干扰的情况下持球。对手不得以任何方式干扰发球员，也不得在球进入比赛前接触他或球。

（b）发球时，除头部和用于发球的手或脚[23]外，发球员不得越位。

（c）发球员就位后，如果主动移动球，好像要发球一样，不论他是完全扣住球，还是扣住一瞬间，都应视为球已进入比赛，争球开始。

（d）争球时，发球员及其对面的球员只有在球触及除他们之外的其他球员后，才能接触球。

（e）如果发球员在争球时将球踢向前方，那么在对方球员接触球之前或球进入对方阵地 10 码之前，与他同处球后方的球员都不得接触球。

（f）如果持球方发球员之外的球员试图故意用进攻方提前移动（false start）或其他方式[24]将对方球员引到越位的位置，即使已经发球，不得视该球进入比赛或争球开始。

23. 还是用脚。以前，中锋认为把球踢回给四分卫来开启比赛是比较谨慎的做法。

24. 对今天的四分卫来说，这还真是新鲜，许多四分卫都擅长通过改变其发出信号的抑扬顿挫来诱导防守队员越位。

规则 10

第一个接到发球的球员不得带球越过争球线，除非在此之前他先将球完全交给另一名球员，或者在距发球点至少 5 码处越过争球线。[25]

---

25. 今天，发球后，无论谁接到球都可以自由地向前移动球，无论他与中锋之间的相对位置如何 ——因此允许四分卫偷袭。

规则 11

（a）在球进入比赛前，任何球员都不得将手放在对方球员身上，或者用手或手臂干扰对方，延迟其发球。此类干扰均视为拖延比赛。

（b）球在争球中进入比赛时，持球一方的球员不得移动。[26]

（c）当球进入比赛的时候，至少应有 6 名持球一方的球员位于争球线上。如果只有 6 名球员位于争球线上，不在争球线上的 1 名球员的双脚必须在争球线末端球员外侧脚之外。

那些通常占据中锋、后卫、截锋（tackle）位置的球员 —— 即争球线中间的 5 名球员 —— 不得在进攻时从争球线后退，除非当球进入比赛时，他位于争球线后至少 5 码处，而另一名通常位于争球线后方的球员代替他在争球线上的位置。

---

26. 虽然该禁令背后的原因 ——防止进攻方阻碍防守方采取相应的防守行动 ——仍然是今天橄榄球规则的指导原则，但是发球时，进攻方的一名球员可以沿着争球线横向移动。

—————————————— 规则 12 ——————————————

（a）球进入比赛后，持球一方的球员只能用身体阻挡对手 27，但带球跑动的
　　球员除外，他可以用手和手臂挡住对手。

（b）球进入比赛后，未持球一方的球员可以使用手和手臂，但只能用于挡开
　　对手，以便靠近球或拦截持球者。

—————————————————————————————————————

27. 多年来，已允许进攻线锋可以不同程度使用手臂，有时也可使
　　用手挡开猛冲过来的防守队员。如今，抓握和阻挡是犯规的，
　　但是张开手掌推人是合法的，只要推人时没有完全伸展手臂
　　即可。

—————————————— 规则 13 ——————————————

如果球出界，无论它是否弹回场地，护球一方的球员都必须将球带到球越过
边线的位置，在那里宣布他打算走多远之后，与主裁一起沿着与边线成直角
的方向带着球走 5～15 码 28，并在主裁指定的位置将球放下，准备争球。

—————————————————————————————————————

28. 为球找到位置完全是主裁的职责。球的位置也不成问题：球场
　　中间两侧都画有码标，以便确定球的位置。

—————————————— 规则 14 ——————————————

球员可以向除对方球门以外的任何方向抛球、传球、击球。

例外：

（a）每次争球都可以向前传球一次 29，但前提是传球球员在球进入比赛时位
　　于争球线后方，而且向前传球后，球在未触碰任何一方球员之前没有接
　　触地面。30

（b）在球进入比赛时位于争球线上的球员不得接触传球，除了位于争球线末
　　端的两位球员。

（c）在球场中央两侧各 5 码的范围内，越过争球线向前传球是犯规的。31

（d）争球时无有效踢球的一方不得向前传球。

（e）飞行中未接触任何一方球员的情况下越过球门线或边线的向前传球应被宣布为防守方的回阵。[32]

---

29. 就这样永久改变了比赛的规则。好吧，至少开始了改变的进程。28 年后，进攻方才可以在每档进攻中传球一次以上。

30. 传球在一段时间后才变得流行的一个原因是，坎普用改变球权惩罚不成功传球。

31. 其目的是通过开放球场中央来降低比赛的危险性，这样传球会失去球权。

32. 设立端区后便取消了这种极端的制裁方式。似乎坎普制定这些例外情况是为了减少他预期的向前传球所产生的影响。然而，他的计划落空了 —— 今天，NFL 球队平均每场比赛约有 35 次传球，而且这项运动越来越普及。

规则 15

（a）如果在连续三档进攻中（除非球已越过球门线），连续持球的一方无法将球推进 10 码，则应在第四档开始时的位置将球交给对手。[33]

（b）判罚距离处罚时，如果未持球的一方进攻，则随后的档应计为第一档，如果持球的一方进攻，则档数和推进码数应为发生犯规的争球开始时的档数和推进码数。

---

33. 几年后，为了能够完成要求的 10 码推进，又增加了第四档进攻。

规则 16

（a）争球过程中，任何球员的任何部位均不得超越其争球线。

（b）如果进入比赛的球被某位球员身后的己方球员接触，则该球员越位。[34] 除掉球或球落地外，越位球员不得接触球，也不得用手或手臂干扰或阻挡任何对手，直到其不再处于越位状态。（此条规则不应解释为有球员踢球时，禁止在场上跑动的球员用手或手臂将位于其行进路线上的对手推开，以达到接球或靠近接球球员的目的。）但是，位于己方球门线后的球员均不属越位。

（c）如果处于对手 10 码线内的越位球员在被踢出的球未触及地面或对方球员身体的情况下接触该球，则犯规，应宣布防守方回阵。

34. 如规则 16 和规则 17 所示，越位犯规是早期比赛考虑的一个主
要因素，早期比赛的规则与足球和英式橄榄球的基本原则相近。

――――――――――――――――――――――――― 规则 17 ――――――――――――

只有当球接触对手或踢出的球接触地面时，越位的球员才转为非越位。

如果站在己方争球线后方的球员接到己方球员传球，然后将球踢过争球线，
则在球接触对方球员之前，该名球员不得拿球。

――――――――――――――――――――――――― 规则 18 ――――――――――――

（a）踢自由球的一方在踢球时应站在球的后方，底线开球除外。

（b）在开球、重新开球、安全接球后踢球的情况下，球必须从球员踢球的限
制线向对手球门线的方向踢出至少 10 码的距离 [35]，除非球被对方触碰。
除此之外，该球为死球。

35. 现代比赛中的短踢（onside kick）。

――――――――――――――――――――――――― 规则 19 ――――――――――――

完成回阵或安全分的一方必须从踢球员的 25 码线内的某一点开球。[36] 踢球员
一方在球被踢出时必须位于球的后侧，而对手则必须位于 25 码线上或离己方
球门更近。

36. 今天，只有在完成安全分后，才从 20 码线开球。

――――――――――――――――――――――――― 规则 20 ――――――――――――

（a）在底线开球或开球的情况下，一旦球被踢出，允许从限制线外向前起
跑，但对方球员不得在球被踢出前从限制线外向前起跑。

（b）在任何其他自由球的情况下（即重新开球、安全接球后踢球、达阵后定点球射门），允许从限制线外向前起跑：

   （1）当自由球一方的球员持球越过限制线或标记时。

   （2）如果自由球一方的球员因意外或其他原因让球接触地面。

───────────── 规则 21 ─────────────

（a）达阵的一方只能通过直接定点球，或先底线开球，后定点球的方式进行射门。

（b）如果采取的是直接定点球的方式，达阵一方的球员应在球门外与边线平行且穿过达阵点的直线上的某个位置置球，并由己方另一位球员踢球。[37] 只要球不接触地面，踢球员可以接触或调整置球员手中的球。对方球员必须留在球门线后，直到主裁用手示意球已放在地上。

（c）如果采取的是先底线开球，后定点球的方式，则弃踢员应从与边线平行且穿过达阵点的直线与球门线的交点将球踢出。弃踢员一方的球员必须站在距球门线至少 5 码之外的球场内。

除弃踢员的标记两侧各 15 英尺的空间外，对方球员可以在球门线上的任何位置站成一列，但他们不得干扰弃踢员。如果底线开球后完成安全接球，则该标记应同安全接球的标记一样用于确定射门位置，然后从该标记或该标记之后的某一点，用定点球射门。如果在第一次尝试未能完成安全接球，则应在球场中央开球。

（d）安全接球或达阵后的定点球，置球员和踢球员不得越位或出界，否则踢出的球无效。

（e）达阵后射门，无论进球与否，都应按照规则 7 的规定在球场中央开球。

──────────────────────────────

37. 从 2015 赛季开始，NFL 中的一分加踢（point-after）改为从 15 码线踢球，这是因为之前从争球线 —— 2 码线处踢球的成功率几乎是百分之百（且缺乏戏剧性）。两分转换（two-point conversion）开始进攻的位置依然是 2 码线。

规则 22

禁例

（a）替补球员或任何非比赛人员均不得对比赛进行指导。如果球员发生意外，球员所属球队的一名代表在征得裁判同意的情况下，可以进入球场照顾受伤的球员。该代表不一定每次是同一人。除球员、裁判、上述代表、即将上场的替补球员外，任何人都不得在比赛时间进入球场。只允许 5 人在场地两侧来回走动。其余人员，包括替补队、运水人员及所有允许进入球场区域的人员，在比赛过程中不得离开座位。[38]

（b）线锋在突破时，不得用拳、肘、膝盖撞击对方，用脚踢对方，碰撞对方膝盖，也不得双手紧握击打对方球员；防守球员也不得用手掌掌根击打对方持球者脸部。

（c）主裁宣布球为死球之后，不得压在持球者身上。不得在跑卫明显出界时绊倒、擒抱对方，跨越过人 [39]，或做任何其他不必要的粗鲁动作。

（d）球员不得做出违反体育精神的行为，包括辱骂对手或裁判等。

（e）除了争球线上的防守球员，其他球员和位于争球线末端的两位球员不得擒抱对手膝盖以下的部位。[40]

---

38. 坎普试图保持边线外的区域人少而井井有条的尝试值得钦佩，但是徒劳无功。今天，近百人挤在这片区域 —— 球员、教练、后勤人员、其他无关紧要的人员。

39. 尽管跨越过人有时被判犯规，通常还是允许球员跨越过人，而且他们会在赛后的精彩回顾中受到赞扬。

40. 今天，所有防守队员都可以擒抱对手膝盖以下的部位，但是这样做可能会被骂。最常用的"基本"技术是用肩接触肋骨，然后手臂用力抱住躯干。

头部护具的故事

橄榄球头盔的历史

可以说，头盔是体育运动中最重要的装备，因为其目的是保护头部。虽然创新的脚步越来越快，但是证据表明我们还需要进一步的改进。

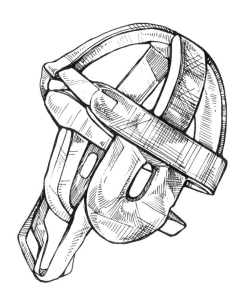

软皮无檐便帽（skullcap）和系带
19 世纪 90 年代～1909 年
在谁是第一顶头盔的发明者及为何要开发头盔的问题上存在很多争论。有人说是一个鞋匠为了保护头部经常被踢的球员而发明的；另一些人认为，这种头盔是为了避免菜花状耳朵而开发的，当今，这类因反复殴打而肿胀丑陋的耳朵在摔跤中更为常见。

软皮头盔 20 世纪 20 年代
加入衬垫之后增强了减震效果。头盔也略大了一些（以便覆盖整个头部），耳罩孔也进行了标准化（这样一来，球员就可以听到外面的声音）。

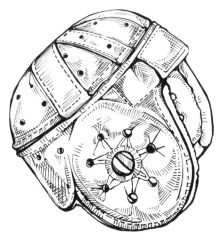

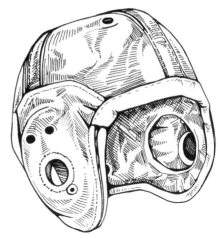

内置棉质衬垫的硬皮头盔

20 世纪 30 年代

安全功能的进一步升级与比赛
的发展相吻合。

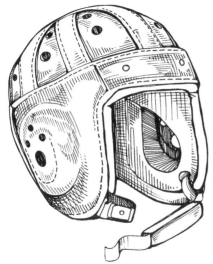

带悬挂式防震垫和下颏带的硬皮头盔

20 世纪 40 年代

1943 年（增加下颏带 3 年之后），NFL
最终规定球员必须佩戴头盔。在此之
前，大多数稳重的球员早已自愿戴上
了头盔。40 年代末，联盟采用了由
约翰·T. 里德尔公司（John T. Riddell
Company，该公司至今仍在生产 NFL
头盔）生产并获得专利的塑料头盔。

带单杆面罩的硬塑料头盔

20 世纪 50 年代

自 1953 年起，面罩开始受到追捧。
据说，引发这一热潮的事件是克利
夫兰布朗队的四分卫奥托·格雷厄
姆（Otto Graham）在一场比赛中因
脸部被肘击中而不得不退出比赛。
球队教练在格雷厄姆头盔上装了一
根杆子，从他嘴前的位置穿过，以
免他再次受到伤害。到 1955 年，
所有头盔都加装了这根杆子。

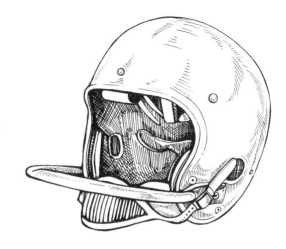

美式橄榄球

双杆面罩 20 世纪 60 年代

20 世纪 60 年代早期，NFL 的所有球员都已佩戴面罩，一些人开始定制面罩，他们选择加装两根横杆或是在中间（两眼之间）加装一根杆。

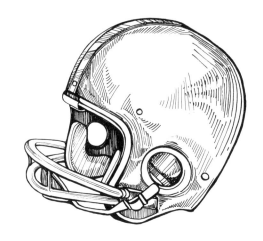

带气囊衬垫和全脸面罩的头盔
20 世纪 70 年代

20 世纪 70 年代，加装了多根垂直和水平杠的"全脸"面罩首次亮相。里德尔公司继续创新，推出了带有"气囊"的吸能头盔。这种内部衬垫可以充气，以减轻碰撞的冲击力，并能根据球员的头部尺寸定制头盔。

护目镜 20 世纪 80 年代

20 世纪 80 年代中期，NFL 逐渐将头盔的材质从普通塑料改为更坚固、更轻的聚碳酸酯，而且更多球员 —— 尤其是明星跑卫埃里克·迪克森（Eric Dickerson）—— 开始在眼睛上佩戴护目镜。

能够吸收冲击力的泡沫衬垫

2000 年～2009 年

在上一次对头盔做出重大改变 20 多年后，里德尔公司的 Revolution Speed 型头盔成了 NFL 的标准头盔。它采用了能够吸收冲击力的泡沫衬垫和更接近球形的设计，这些改进旨在提高安全性。NFL 于 2004 年起禁止使用单杆面罩。

带狭缝和震动检测传感器的骷髅头盔 2015 年

由于人们日益关注球员所面临的危险，NFL 继续推动头盔技术的发展。最新的实例包括在下颌带上安装震动检测传感器（用以提示发生脑震荡的可能性），使用更有弹性的材料，采用贴合头部轮廓的形状，添加孔隙以减少碰撞时传递给颅骨的能量。

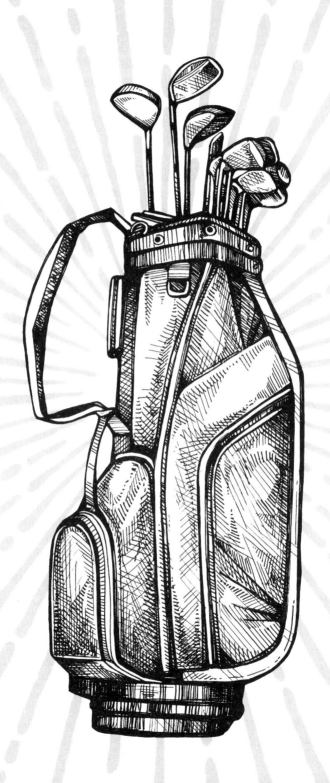

高尔夫

对于一项由豪华俱乐部拥有和运营的黄金地产和大面积的良好草皮所代表的运动，高尔夫的起源相当卑微。除了放牛、放羊之外，苏格兰东海岸地区的宽广沙地和草地并不适合耕种和做其他事情。在公元第二个千年（1000 年～2000 年）的前几个世纪（当然也包括更早的时候），照看羊群的牧羊人常常感到孤独、无聊，因此，他们一直在寻找一种可以打发时间的活动。

其中一种活动是一种打靶练习：击打岩石或冻硬的羊粪，命中树桩、巨石，也许还有动物在地上挖的洞。可以肯定的是，世界其他地区的牧羊人也都养成了类似的消磨时间的习惯，这就解释了为什么人们对于这项运动的起源存在分歧。但我们今天的高尔夫毫无争议地起源于苏格兰。

出于球技欠佳的业余爱好者完全无法理解的原因——暂且不论手机问世前600 年的苏格兰农村无事可做——这项牧羊人的消遣开始在广大的苏格兰人中流行起来。最终，高尔夫变得如此盛行，以至于国王詹姆斯二世出于国家安全的考虑在 1457 年禁止了这项运动：由于忙着对着粪便和岩石挥杆，苏格兰人根本无暇进行重要的射箭练习。事实上，他的法令被认为是第一次提及高尔夫的书面文献（人们认为这个名字源自一个意为"俱乐部"的词）。

国王的法令并没有削弱高尔夫的吸引力。16 世纪前，这项运动仍旧是非法的，但是作为主要受当地地理特点影响的一项特别的休闲运动，它在不列颠群岛上继续秘密传播。一些地区的球场只有 5 个洞，另一些地区的球场则有 22 个洞。今天的 18 洞也是环境使然。圣安德鲁斯皇家古老高尔夫俱乐部（Royal and Ancient Golf Club of St. Andrews，简称 R&A）——最神圣的高尔夫球场——最初只有 11 个洞。高尔夫球手打完前 11 洞（out，远离俱乐部会所），然后转身折返，用同样的洞打后 11 洞（in）——由此构成一场（round）高尔夫。一段时间后，聪明而谨慎的圣安德鲁斯球场管理者认为前 4 个洞距离太短了，于是他们将其合并成 2 个，留下 9 个洞。

圣安德鲁斯也以其他方式帮助塑造这项运动。这座传奇球场最初是一个养兔场，兔子们很容易在海岸线上植被最茂密的地区（linksland，海岸沉积沙带，源自苏格兰语，意为"上升的土地"）建造交错相连的洞窟。随着时间的流逝，兔子洞周围的区域被兔子踩成了小块的平坦土地，形成了果岭的雏形。高尔夫球场中的沙坑也是动物的本能行为造成的。绵羊会钻进沙丘以躲避苏格兰呼啸的狂风，当它们漫步离开之后，沙丘上便留下了深深的凹坑。（对绵羊有利的事未必对高尔夫球手有利。）

尽管高尔夫运动在圣安德鲁斯及其周边地区已经开展了几个世纪，但直至 1754 年，一群教授、地主和其他社会贤达才创建了圣安德鲁斯高尔夫球手协会（Society of St. Andrews Golfers，即 R&A 的前身）。那时，利斯绅士高尔夫球手俱乐部（Gentlemen Golfers of Leith，后来被称为"爱丁堡绅士高尔夫球手俱乐部"）已经为 1744 年 4 月举办的锦标赛制定了现存最古老的高尔夫比赛规则。如今，现代高尔夫的两套主要规则——R&A 规则和美国高尔夫协会（简称 USGA）规则——遍布各类小书之中，也是人们分析和激烈争论的对象。但在核心上，它们规定的运动与近 300 年前编写规则的运动一样。

利斯绅士高尔夫球手俱乐部
高尔夫规则（1744 年）

规则	注释
··· 1 ··· **必须在距离球洞一杆的距离内发球。**[1]	1. 没错，就在果岭外。高尔夫球手在一个洞前推杆，走几步路，然后挥杆发球。19 世纪末，发球区（也就是现在指定的球员发球的区域）已成为球场上司空见惯的东西。
··· 2 ··· **球座（tee）[2] 必须放在地面上。**[3]	2. "Tee" 一词来自苏格兰盖尔语 tigh，意为 "房屋"。 3. 曾经，高尔夫球手击打架在小沙堆上的球来打出每洞的第一杆。美国最早的便携式球座于 1890 年获得专利，那是一块平放在地上的小橡胶板，三只垂直的橡胶脚将球托起。两年后，带金属钉的橡胶圈 Perfectum 成为第一款插入地面的球座。1921 年，美国牙医威廉·洛厄尔（William Lowell）发明了第一款商业化的球座 Reddy Tee，它的一个型号沿用至今。现在依然可以用沙子或草皮搭建球座。
··· 3 ··· **发球之后不得换球。**[4]	4. 这样一来，球员就无法在中途将球更换为在特定情况下更具优势的球。这项规定还有一个附带的好处：节俭。标准的高尔夫球（羽毛球，featherie）并不便宜，因为它是用皮革制成的，里面塞满了 "雏鸟的绒毛"。今天，高尔夫球的价格甚至更贵了。高尔夫的先驱老汤姆·莫里斯（Old Tom Morris）一生都生活在圣安德鲁斯，他制作了羽毛球。一只他制作的球在拍卖会上能卖出数千美元。

规则	注释

··· 4 ···

不得为方便击球而移走石块、骨头或任何折断的球杆，除非你位于果岭上，但只能清理距球一杆范围内的区域。[5]

5. 换句话说："顺其自然。"（Play it as it lays.）

··· 5 ···

如果球落在水中或沼泽中，你可以将球取出，放在水障碍之后，在球座上用任何球杆开球，并因此让对手一杆。[6]

6. 现在依然如此，但仅适用于发球坠入水中的情况。从球场其他地方打出的球如果落入水中，会在直接延伸回上次击球点的线上抛球。无论哪种情况，都需要让对方一杆。

··· 6 ···

无论在任何地方，如果你的球跟另一个球碰到一起，你有权把先前的球拿起，直到你将后到的这颗球打出去为止。

··· 7 ···

推球入洞（holling）[7]时要诚实击球，不要故意用球去碰对手的球，除非该球挡住了你的球进洞的路线。[8]

7. 也就是推杆（putting）。

8. 现在，挡路的球都已被球标代替。球标是该球被捡起前，紧贴球后放置的小硬币或类似物体。如果球标可能会干扰其他球员击球，则需将球标放置在距球所在位置侧面一杆头左右的地方。这条规则是 20 世纪 50 年代制定的，在此之前，高尔夫球手必须击球绕过或短打越过对手的障碍球。

··· 8 ···

如果球被人拿走或遗失，应回到上一次击球的位置，补打一个球，同时让对手一杆。[9]

9. 所有业余高尔夫球手在每次打球时都会听到的"回原位重打"（stroke and distance）就来源于此。19 世纪加入了出界的概念，20 世纪中叶制定了寻找遗失球的时间限制。

规则	注释
··· 9 ··· 推球入洞时，任何人不得用球杆或其他东西来标记进洞路线。	
··· 10 ··· 如果击出的球被任何人、马、狗或其他物体阻挡[10]，应在球停下的位置继续打球。	10. 由于最早的高尔夫球场建在田野与牧场上，一开始各种动物都会影响比赛。
··· 11 ··· 如果你挥杆击球，在球杆向下运动的瞬间，即使球杆断裂[11]，仍记为一杆。	11. 木杆很脆，容易碎裂。这就是为什么早期的高尔夫球手通常会携带二十几根球杆的原因。今天，所有人使用的都是金属杆，尽管仍然可以使用木杆，官方俱乐部还是规定球手携带球杆数量不得超过 14 根。
··· 12 ··· 距离洞最远的球手最先击球。[12]	12. 用今天高尔夫球手的话来说："谁最远？"（Who's away ？）
··· 13 ··· 用于保障高尔夫球场的壕沟、水渠、堤坝，以及"学者洞"（scholar's holes）和"士兵线"（soldier's lines）[13]，均不被视为球场障碍物。打到这些区域的球可以取出，放在球座上并使用任何铁杆击球。[14]	13. "学者洞"指的是圣安德鲁斯球场被踩踏的区域。天气晴朗的时候，当地大学的学生们会聚集在这里读书（也许还能谈点高尔夫）。"士兵线"是环绕圣安德鲁斯的行军场。 14. 今天，这被称为"免罚补救"（relief without penalty），任球道（fairway）上自由抛球。

高尔夫

可以预见的发展

高尔夫球的历史

最初的高尔夫球是变硬的羊粪、毛团，或从其他棍球游戏借用的皮革覆盖的毛团。后来，人们用的球变得越来越复杂。

木球 14 世纪～16 世纪
这些雕花球很可能借用自当时流行的其他运动。

羽毛球 17 世纪～19 世纪 50 年代
将煮过的（鸡或鹅）羽毛塞进皮袋后制成，一颗球的成本相当于今天的 10～20 美元。由于价格昂贵，再加上羽毛球无法做得十分圆（导致球的飞行模式无法预测），这类高尔夫球未能广泛使用。

运动起源

古塔胶球 19 世纪 50 年代～1900 年

由一种名为"杜仲胶"（guttapercha）的树胶制成。古塔胶球的生产成本要比羽毛球低，因而促进了高尔夫在大众中的普及。很快，球手们意识到，带划痕和沟槽的古塔球比表面光滑的球更易于操作，从而可以控制小右曲球（fade）和小左曲球（draw）。到了 19 世纪末，刻有沟槽的球 —— 实际上是布满小突起的球 —— 已成为国际标准用球。

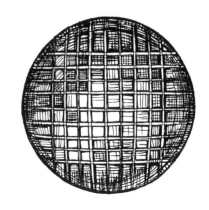

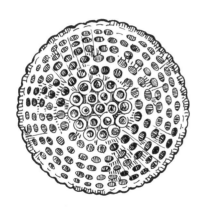

哈斯克尔球 1898 年

这个创新来自两个美国人：一个叫科伯恩·哈斯克尔（Coburn Haskell）的球技拙劣的业余球手和一个叫伯特伦·沃克（Bertram Work）的 B. F. 古德里奇（B. F. Goodrich）公司员工。他们的发明专利被称为哈斯克尔球。液体或固体球芯外包裹了一层橡胶丝，表层覆盖硬化的杜仲胶或巴拉塔胶。哈斯克尔球可以飞行更远的距离。

凹痕哈斯克尔球 1905 年

现代高尔夫球诞生于 20 世纪。当时，威廉·泰勒（William Taylor）决定将球面的突起变成凹痕。凹痕可以在减少阻力的同时最大限度地提高球的升力，这种设计至今仍是高尔夫球的标志性特征。

高尔夫

网面球 20 世纪 30 年代
随着高尔夫的迅速普及，球的种类也
在不断增加。其中比较流行的一种是
网面样式，因其方形的凹痕而得名。

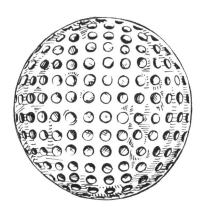

Surlyn 球 20 世纪 60 年代
在美国化工巨头杜邦公司（DuPont）
开发出商标为"Surlyn"的新型塑料
前，哈斯克尔球的各种变体都是高尔
夫球的标准。这种聚合物具有很高的
耐用性，很快被世界各地的制球商采
用，并沿用至今。

高尔夫的两大主要管理机构 USGA 和 R & A 对球的形状（球必须对称）、重量（上限为 1.620 盎司）、直径（不超过 1.680 英寸）、速度和飞行能力（这两者已随着时间的推移而改变）做出了严格的规定，但除了下面介绍的 4 种最常见的高尔夫球外，还有无数种可能的结构。今天的高尔夫球手可以从 USGA 和 R & A 认可的 1000 多种球中进行选择。

现代高尔夫球的种类

现代高尔夫球有数百种构造方式。下面介绍的是最常见的 4 种。

---

① **双层球**　大号实心 / 凹痕 Surlyn 或氨基甲酸酯覆层
② **三层球**　大号实心 / 薄盖层 / 凹痕 Surlyn 或氨基甲酸酯覆层
③ **四层球**　大号实心 / 薄外心 / 薄盖层 / 凹痕 Surlyn 或氨基甲酸酯覆层
④ **五层球**　从软心逐渐过渡到凹痕 Surlyn 或氨基甲酸酯覆层

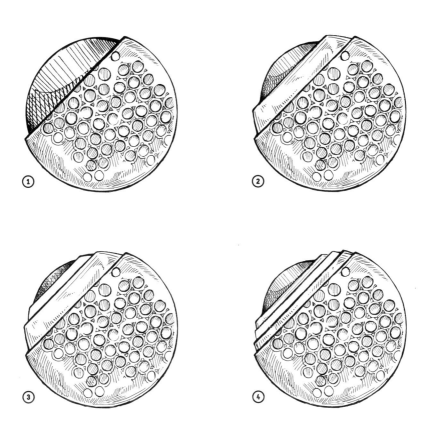

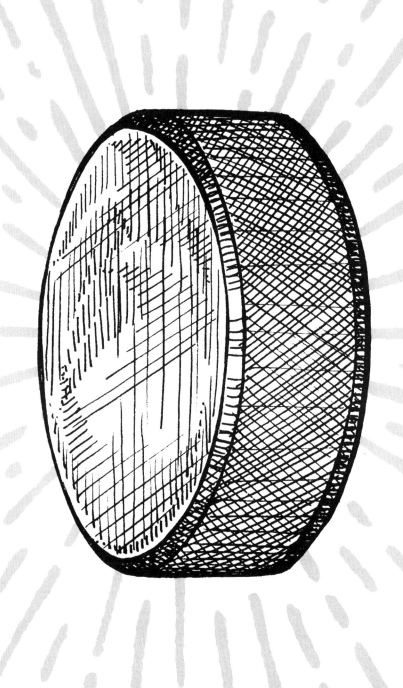

冰　球

与书中介绍的许多运动一样，冰球（又称冰上曲棍球）也是应对无聊的智慧结晶。19世纪初，驻扎在加拿大东部的英国士兵发明了这项运动，因此它也有殖民地的根源。与其他两位大英帝国的表亲——板球和高尔夫一样，它是棍球理念的另一种变体。不过，冰球与其他棍球类运动之间存在着一个关键的区别：因为在加拿大漫长的冬季，没有什么可以逃过结冰的命运，所以曲棍球变成了一项冰上运动。

许多英国士兵都是爱尔兰人，因此早期的比赛有时也被称为"冰上投掷"（hurling on ice）——引自一项具有千年历史的盖尔人游戏，要求玩家用棍子将球打进球门或门柱之间。当然，这些无惧风雪的士兵也受到了棍网球及其前身——一种名为"tooadijik"的当地原住民游戏——的启发。事实上，他们可能还使用了密卡茂（Mi'Kmaq）部落成员制作的球杆。

不论其来源如何，19世纪50年代前，冰球都是一项随意的池塘游戏。玩家会把他们找得到的任何东西——球、鞋跟、冰冻的粪便——当作冰球（puck）。几乎可以肯定，"puck"一词来自苏格兰盖尔语puc，意为"击打"。hockey（曲棍球）则可能来自法语hoquet，意为"牧羊人的羊角杖"，也可能来自一位杜撰的英国军官霍基（Hockey）上校的名字。据说，他曾用这种游戏帮助麾下的士兵保持健康。1872年，来自新斯科舍省的年轻工程师、运动员詹姆斯·克赖顿

（James Creighton）搬到蒙特利尔，也将这项运动及其所使用的球杆和特制冰鞋（这一点尤为重要）——用金属夹将圆弧形金属刀固定在鞋身上的靴子——带到了那里。不出三年的时间，克赖顿便打算在维多利亚滑冰场——主要举办花样滑冰比赛的室内冰场——举办冰球比赛。

曲棍球的轨迹很难控制。对于户外比赛而言，这不是什么大问题，但却给身处封闭空间的观众带来潜在的重大危险。于是，克赖顿制作了一种替代品：一块扁平的圆形木块。第一场室内冰球比赛于 1875 年 3 月 3 日举行。据一位球员称，比赛"吸引了全城居民前来观战"。许多观众反感球员充满暴力的滑稽动作，但是其他人却觉得相当有趣。于是，这项运动迅速传播开来。两年后，《蒙特利尔公报》（*Montreal Gazette*）刊登了 7 条冰球规则——也是现存最古老的一套冰球规则。很快，数百家业余俱乐部开始角逐地区冠军。19 世纪 80 年代初，全国联赛逐渐成形。

这项运动最早也最具影响力的爱好者之一——加拿大总督斯坦利勋爵（Lord Stanley of Preston）在观看了几场锦标赛后，购买了一只银碗来奖励最优秀的球队。1893 年，他将自己的奖杯赠给"在赛季末击败所有挑战者"的蒙特利尔业余运动协会（Montreal Amateur Athletic Association）。那一天，加拿大的国家赛事，同时也是体育界享有盛誉的比赛之一——斯坦利杯，诞生了。

詹姆斯·克赖顿
冰球规则（1877 年）[1]

规则	注释

··· 1 ···

比赛应由场地中央的争球（bully）[2]开始或重新开始。每局结束后，比赛双方均需交换场地。[3]

1. 这 7 条规则是从早期的 13 条规则——哈利法克斯（Halifax）规则——衍生而来的。不过，后者从未公开发布。

2. 现在被称为 "face-off"。裁判需要将冰球放在两名球员的球杆之间，这就意味着，如果他不能迅速将手收回来，就会被球杆打伤。自 1914 年起，为免受皮肉之苦，裁判改放球为掷球。

3. 每局（period，以前称作 "game"）结束后，双方依然需要换边，只不过自 1910 年起，每场比赛分为三局，而不再是两局。做出这一改动的原因之一是增加清洁、修复冰面的次数。

··· 2 ···

球员击球（ball）[4]时，距对方球门线更近的同队球员属于越位。[5]球被击出前，越位球员不得触球，也不得以任何方式阻止其他球员触球。球员必须始终位于冰球后方。

4. 在 19 世纪末克赖顿引入扁平木制冰球（puck）之前，圆球（ball）一直是冰球比赛的首选。19 世纪 80 年代，橡胶冰球首次亮相，沿用至今。

5. 不允许向前传球。相反，为了向英式橄榄球致敬，球员可以带球向前滑行，直到遭遇阻碍。此时，他们向后传球给队友，由队友带球前冲。为了增加速度和得分，1917 年成立的 NHL 于 1929 年起允许球员向前传球。

规则	注释
… 3 … 允许用身体停球，但是不得用身体的任何部位带球或击球。球员不得将球杆举过肩部。不得从后方冲撞对方球员，不得绊、拉、踹、踢对方队员。[6]	6. 当时，受罚球员三次犯规后才会离场。而"惩罚"则是通过争球重新开始比赛。从 1904 年起，球员每次犯规都将暂时离场，离场时间分别为 2 分钟、3 分钟、5 分钟，但是在该名球员离场期间，他的球队可以再派一名球员上场，直至该名球员重回冰面。NHL 诞生之后，才规定球员离场期间，球队不得再派球员上场。1922 年才制定了禁止打架的规定，当时与现在一样，打架将被判罚离场 5 分钟。
… 4 … 进攻方将球击到对方球门线后方[7]，应将球放置在距离球门线 15 码处，通过争球重新开始比赛。如果防守球员将球击到己方球门线后方，则进攻球员应从距离最近的拐角不到 1 码的地方将球击出。球被击出前，进攻方其他球员与球之间的距离不得少于 20 码，除守门员外，防守球员必须站在其球门线后。	7. 自从封闭的（室内）冰场改变了标准比赛场地，这条规则就更改了。从某种意义上来说，不再有任何需要用规则加以限定的界外区域。
… 5 … 一方将球击出界外之后，对方球员应从球出界处按与边界线[8]成直角的方向将球打出，球接触冰面之后才算活球。其他队员未接触球之前，打球入场的队员不得再次击球，此时，所有球员都应位于球的后方。	8. 参见注释 7。

规则	注释
··· 6 ··· **违反上述任何一条规则时，应将球带回中场进行争球。**[9]	9. 由于公众对冰上暴力的抗议日益强烈，对违规行为的惩罚力度不断加大。自在 1905 年和 1907 年的比赛中两名球员因受伤而丧生之后，许多人（包括评奖人）都主张采取更严厉的惩罚措施，以迫使比赛变得更安全。NHL 建立的初衷就是重视球员的安全。
··· 7 ··· **所有争议均应由副裁（umpire）裁决，如果副裁之间存在争议，则由主裁（referee）进行裁决。**[10]	10. 自 2000 年起，NHL 启用两位裁判（与两名边线裁判一道）监督比赛。

胜利的桂冠

标志性奖杯

斯坦利杯可以说是美国最为知名的冠军奖杯，但是合格的体育迷不应只认识一座奖杯。

① **美洲杯（America's Cup）** 1851 年，纽约游艇俱乐部的"美洲号"纵帆船在环怀特岛的比赛中击败了来自英国皇家赛艇舰队的 15 艘帆船，赢得了首座"百金镑杯"（One Hundred Sovereign Cup）。俱乐部立即把奖杯更名为"美洲杯"。132 年后，澳大利亚帆船夺得冠军，终于迫使美国佬交出了这座奖杯。

② **灰烬杯（The Ashes）** 1882 年，澳大利亚队在伦敦举办的一场板球决赛中击败了英格兰队。一家报纸为英格兰板球队刊登了一则挖苦的"讣告"，宣布"它的骨灰"已被带至 Down Under（澳大利亚别称）。英格兰队队长伊沃·布莱（Ivo Bligh）发誓要把这些"骨灰"带回英国。他做到了。墨尔本的一些女士送给他一只骨灰盒，据说里面装着一个板球的"骨灰"。这只容器现收藏在玛丽勒本板球俱乐部，不过，英澳两国至今仍在争夺一个沃特福德水晶复制品。

③ **博格华纳杯（Borg-Warner Trophy）** 虽然印第安纳波利斯 500 英里大奖赛于每年 5 月举行，但获胜者要等到次年 1 月的颁奖晚宴才能得到博格华纳杯 —— 确切地说是它的小型复制品。1935 年，该奖杯以汽车零部件供应商的名字命名，此后一直在印第安纳波利斯赛车场展出。杯身刻有 1911 年以来所有冠军的脸部浅浮雕。

④ **葡萄壶奖杯（Claret Jug）** 小汤姆·莫里斯（Young Tom Morris）连续第三次赢得（英国）公开赛冠军后，授予胜利者的挑战腰带就退出了历史舞台。但是，当莫里斯在 1872 年第四次获得冠军时，主办方尚未准备好新奖品 —— 一只干红葡萄酒壶。于是，他得到了一块奖牌，这也是为什么此后的所有冠军都会得到一块奖牌。1873 年，葡萄壶奖杯与世人见面。每年颁奖前，主办方都会在现场迅速刻上冠军的名字。

⑤ **联盟主席奖杯（Commissioner's Trophy）** 在棒球的悠久历史中，绝大多数世界大赛的冠军均未获得官方奖杯。取而代之的是获胜球队送给球员、教练、员工的一份纪念品，通常是一枚戒指。MLB 终于在 1967 年达成共识，开始向获胜队伍颁发联盟主席奖杯。1999 年，蒂芙尼重新设计了奖杯。

冰 球

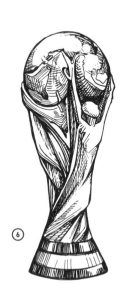  

⑥ **国际足联世界杯奖杯（FIFA World Cup Trophy）** 令人难以置信的是，这项世界上最负盛名的足球赛事颁给获胜国的奖杯曾经被盗过两次。奖杯以 1930 年赛事开始时的国际足联主席儒勒·雷米特（Jules Rimet）的名字命名。1966 年，奖杯失而复得，并在巴西第三次夺冠后由巴西永久保存。（代替雷米特杯的是 1974 年起授予的金质奖杯。）1983 年，收藏在巴西足球协会的雷米特杯被盗，至今下落不明。

⑦ **拉里·奥布赖恩冠军奖杯（Larry O'Brien NBA Championship Trophy）** 劳伦斯·奥布赖恩（Lawrence O'Brien）曾是林登·约翰逊总统的邮政部长，后来被任命为 NBA 总裁。1984 年奥布赖恩退休时，NBA 的最高奖项就以他的名字命名。在此之前使用的是纪念波士顿凯尔特人队原老板沃尔特·布朗（Walter Brown）的奖杯。布朗在 1949 年合并 BAA 和国家篮球联盟（简称 NBL）创建 NBA 的过程中发挥了重要作用。

⑧ **斯坦利杯（Stanley Cup）** 每年，NHL 冠军队的每位球员都能在休赛期抱着斯坦利杯度过至少一天。他们可以用斯坦利杯来做任何事。（抱着它睡觉和用它喝水是最典型的活动。）1893 年首次颁发的斯坦利杯上刻有每支冠军队的每位球员的名字。不过，它可能是错误最多的纪念品。例如，名人堂守门员雅克·普朗泰（Jacques Plante）的名字被刻成了杰克·约茨科·普兰特（Jack Jocko Plant）。

⑨ 文斯·隆巴尔迪杯（Vince Lombardi Trophy） 每年的超级碗冠军都会得到一只可以永久保留的奖杯，而每年蒂芙尼也都会制作一只新的奖杯。自 1967 年绿湾包装工队赢得 AFL–NFL 世界冠军赛的第一座奖杯以来，一直如此。（1970 年，奖杯重新命名，以纪念刚去世的传奇人物 —— 前绿湾包装工队主教练。）唯一例外是在 1984 年，超级碗第五届冠军巴尔的摩小马队离开巴尔的摩，迁到印第安纳波利斯，魅力之城巴尔的摩赢得了保留奖杯的权利。

⑩ 温布尔登奖杯（Wimbledon Trophies） 如果一位男子选手赢得了这项网球界最负盛名的大满贯赛事的冠军，就会得到一只刻有"全英草地网球俱乐部单打世界冠军"字样的银制圣杯。女单冠军则会举起一只名为"玫瑰露水盘"的奖盘。不过自 2007 年起，男女冠军都能获得数额相同的奖金。

足垒球

　　躲避球、Red Rover[1]、Newcomb[2]、Kill the Guy with the Ball[3]、Duck on a Rock[4]，对大多数美国人来说，这些游戏会让人回想起人生中特定的一个阶段和一天中特定的一段时间——童年和课间。自从人类创建学校之后，操场游戏一直是孩子们消磨空闲时间的主要方式。由于这些游戏大多来自孩子们的灵感（"要是……的话，会不会很有趣？"）它们的起源往往在几年后就已被置之脑后。不过，我们倒是了解其中最流行、最持久的一种游戏的历史。

　　足垒球是尼古拉斯·C. 瑟斯（Nicholas C. Seuss）（与著名的儿童文学家"瑟斯博士"没什么关系）智慧的结晶。20 世纪 20 年代，他曾负责管理辛辛那提的公园游乐场。瑟斯一直在寻找一种方式将皇后之城的孩子们组织起来，以免他们

---

[1]　一种儿童游戏。首先，分成人数相等的两组，手挽手组成防线。其中一组从对方的组里选一个人，比如选中的是杰克。大家喊："Red Rover，Red Rover，派杰克过来！"于是杰克离开队友，奋力冲向另一组。如果成功冲破对方的防线，杰克可以从对方的队伍中选一个人带回自己的队伍。如果失败，他就成为对方的一员。依次轮流进行，直到一方赢得所有成员。（本书脚注均为译注）

[2]　一种类似排球的游戏。

[3]　一种儿童游戏。一个孩子得到球后，所有人都追着他跑，并试图把他打趴下。

[4]　一种儿童游戏。其中一人负责守卫岩石上的一块石头，其他人依次向这块石头扔石块，试图将其从岩石上击落。如果投掷者在捡回自己丢出的石块时被守卫捉住，则两人交换位置。据说，篮球的灵感就来自这种游戏。

乱跑。他需要一种无须特殊技能（这样，所有年龄段的孩子都可以参加）和特殊装备（因此，孩子们不必跑回公园寻找丢失的手套、球棒、球拍）的游戏。瑟斯的解决方案简单、有趣、聪明，而且显然源自其他运动。他称其为"kick base ball"（踢垒球），有时也拼写为"kick baseball"（踢棒球）。这个名字很贴切，因为他大量借鉴这项新兴国技的规则。对孩子（或所有人）来说，棒球实在是太难踢了，因此他改用了当时的篮球（如果球员年龄很小，就改用排球）。1917 年，娱乐经理月刊《游乐场》（*The Playground*）介绍了足垒球。随后，它迅速成为小学体育课的主要内容，同时也是教授棒球规则的一种方式。

一个世纪后，足垒球在很大程度上仍然是孩子们的运动，但成年人对它也情有独钟。也许是因为其诱人的超大号红球（20 世纪 50 年代发展起来的这种极具辨识度的圆球已成为足垒球的标志），或是因为其简单的规则与易玩性，也可能是因为足垒球特别适合成人的社交场合（相对于其他运动，饮用大量啤酒并不会影响你在足垒球中的发挥）。不过，它之所以具有无穷的魅力，可能还是因为它弥合了童年与成年之间的差距——这是克里斯托弗·诺克森（Christopher Noxon）在《复兴：足垒球、卡通、纸杯蛋糕与重塑美国成年人》（*Rejuvenile: Kickball, Cartoons, Cupcakes, and the Reinvention of the American Grown-up*）中所提出的观点。

第一次有记录的成人足垒球比赛是在 1922 年纽约州克林顿县的一次教师会议上举行的。教育工作者们按分到的号码分为两支队伍：奇数是耶鲁队，偶数是普林斯顿队。那天很热，所以他们只玩了三局。最终，耶鲁队以 3∶2 的比分取得了胜利。此后，这款小游戏逐渐成为一些"大男孩、大女孩"的快乐源泉。

辛辛那提游乐场
足垒球规则（1917 年）

规则 1　比赛安排

比赛不限人数。球员分为两队：踢球手和野手。

规则 2　比赛目的

游戏的目的是将球踢出，并在野手接到球前尽可能多地跑垒。

规则 3　内场

内野根据 35 英尺的垒线来布置。[1] 垒包面积为 2 平方英尺（1 平方英尺≈0.09 平方米）。本垒后方有一条 10 英尺的发球线。[2]

---

1. 足垒球比赛通常在内野进行，其大小与垒球场内野相仿，垒包间距为 60 英尺。
2. 10 英尺的发球线形成一个与棒球场打击区类似的区域。

规则 4　球

使用标准篮球。[3] 幼童使用排球。

---

3. 这里提到的"篮球"没有弹力，也不是橙色的 —— 别忘了，那时是 20 世纪初。它类似丁一个足球。

规则 5　踢球顺序

踢球手按个子高矮在发球线后排成一列。[4] 野手以不规则的间隔分散在内野。[5]

---

4. 按个子高矮列队的排序原则已被更具策略性的顺序所取代。
5. 12 名球员分散在内野区域，全部位于垒线内。如今，内野球员

不得超过 11 人，少数球员分散在外野。

規则 6 界外线

本垒到一垒和三垒外缘，以及到场地边界应画上界外线。本垒前 10 英尺处也应画一条界外线。

規则 7 踢球

可以踢地面的球、落下后触地的球、弹起的球。[6]

---

6. 没错，当时没有投手。投手是在 20 世纪 20 年代引入的，有一段时间他们往往是踢球手。投手成为队伍的标配之后，便不再允许踢落下后触地的球和弹起的球。

規则 8 发球线

球必须从发球线后方踢出，踩线或越线均犯规。

規则 9 选局

应以掷币的方式决定选局权。

規则 10 比赛

一场比赛分为九局。如果第九局结束时出现平分，比赛继续进行，直到决出胜负。[7]

---

7. 根据世界成人足垒球协会（简称 WAKA）的规定，如今，常规足垒球比赛共五局，没有加时赛。WAKA 成立于 1998 年，由一群想结识新朋友的人组成。目前它负责管理 35 个州各联盟的 4 万多名球员。所有联盟均为男女混合。目前的规则规定，每支队伍应至少派 4 男 4 女上场。

---|　规则 11　跑垒得分　|---

每当跑垒员合法触踏一垒、二垒、三垒，让三名防守球员出局，最后回到本垒时，应得 1 分。得分高的队伍获胜。

---|　规则 12　跑垒员　|---

踢球者在完成有效踢球后立即成为跑垒员。同时位于相同垒包上的跑垒员数量不限。[8] 下列情况下，跑垒员出局：

　　1. 跑垒员上一垒之前被球击中。

　　2. 跑垒员上二垒、三垒或本垒之前球已上本垒。

　　3. 飞球被防守球员接住。

　　4. 跑垒员两次犯规。[9]

　　5. 跑垒员从一个垒包跑向另一个垒包时，干扰球或被球击中。[10]

　　6. 球出界时跑垒员离垒。

---

8. 现在，不准跑垒员在垒包上扎堆。球员像在棒球比赛中那样跑垒。

9. 现在，四次犯规才会出局。

10. 唉，更文明的理念占了上风。现在，禁止向跑垒员扔球。

谁先谁后

五花八门的"剪刀、石头、布"

不管是什么运动，不管在哪里比赛，总有一支球队先开球、先挥棒、先踢球、先发球。决定这类事情最常见的方法就是大多数人所熟知的"剪刀、石头、布"（有些人把它叫作"roshambo"）。然而，"剪刀、石头、布"的起源比你想象的还要古老，而且存在各种变体。

剪刀、石头、布　19 世纪末，随着欧洲和亚洲之间的贸易往来不断扩大，文化交流变得活跃起来，"剪刀、石头、布"传入英国和法国。游戏的起源至少可以追溯到中国的汉代（约公元前 200 年～公元 200 年）。虽然这种"零和猜拳游戏"（zero-sum hand game）拥有众多版本 —— 其中，A 输给 B，B 输给 C，C 输给 A——但是西方人所知的现代版"剪刀、石头、布"源自 19 世纪的日本。

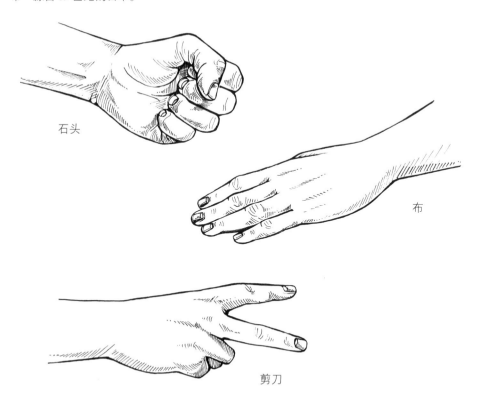

石头

布

剪刀

剪刀、石头、纸、蜥蜴、斯波克 这个 21 世纪的版本是由博主（blogger）萨姆·卡斯（Sam Kass）和他的朋友卡伦·布里拉（Karen Bryla）发明的，旨在解决已经摸清对方出拳习惯的人们在猜拳时所面临的问题。他们认为，增加两个选项可以减少产生平局的可能。由于在美剧《生活大爆炸》中多次出现，这个版本人气大增。（剧中人物有些迷恋《星际迷航》中的斯波克大副。）郑重声明：剪刀剪纸，纸包石头，石头压死蜥蜴，蜥蜴毒死斯波克，斯波克砸坏剪刀，剪刀剪断蜥蜴的头，蜥蜴吃纸，纸（paper，又有"论文"之意）驳倒斯波克，斯波克汽化石头，石头碾碎剪刀。

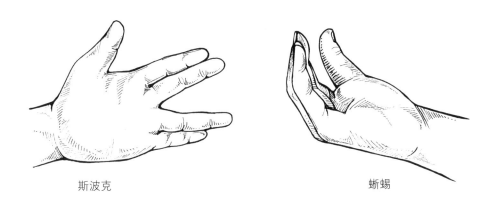

斯波克　　　　　　　　　　　　　蜥蜴

青蛙、蛞蝓、蛇 在这款 19 世纪的日本零和猜拳游戏中，青蛙怕蛞蝓，蛞蝓怕蛇，蛇怕青蛙。博物学家对此十分困惑，不过下面的消息可能会让他们感到欣慰：日本玩家在翻译更早的中国版本时，很可能将代表有毒蜈蚣的汉字误认为不那么危险的蛞蝓。

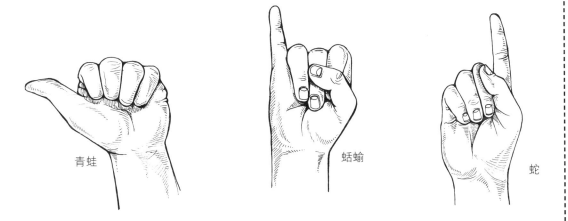

青蛙　　　　　　　　蛞蝓　　　　　　　　蛇

足垒球

狐狸、猎人、村长 这个 19 世纪的"剪刀、石头、布"同样来自亚洲文化，不过游戏需要使用双手来完成。神奇的狐狸被熟练的猎人杀死，猎人被聪明的村长打败，村长成了狐狸的猎物。

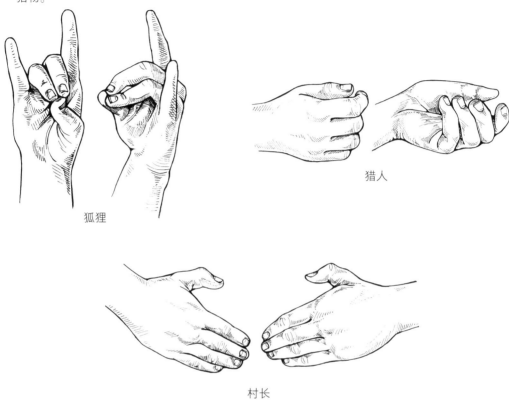

狐狸

猎人

村长

零和猜拳是人类的发明，但它们源于自然界 —— 或者至少是自然界中有类似现象。下图是普通侧斑蜥蜴（common side-blotched lizard），原产于北美洲太平洋海岸。雌性侧斑蜥蜴选择配偶的时候，橙斑雄性优于蓝斑雄性，蓝斑优于黄斑，而黄斑则优于橙斑。

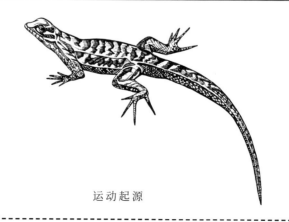

运动起源

世界剪刀、石头、布玩家责任章程

世界剪刀、石头、布协会（WorldRPS.com）是一个有趣的组织，成立于 21 世纪 10 年代（不管网站如何胡说八道，这是事实），其口是心非的主要目标是为剪刀、石头、布这项游戏带来秩序并赋予其严谨性，包括制定这里转载的玩家责任章程（不过，是否遵守章程全靠自我监督）。

1. 安全第一！始终确保所有玩家都已摘掉尖锐的首饰和手表。

2. 确保第一轮之前，已就基本惯例达成一致（我们建议采用标准的三种选项）。

3. 一定要事先确定有待决定的事情是什么，或者仅为荣誉而战。

4. 事先确定赢得比赛所需的回合数（记住，必须是奇数）。

5. 用乐于助人的心态解释判断中出现的错误，以此来鼓励新手进步。不要责备他们。

6. 在通过猜拳来做关乎性命的决定之前，请务必三思。

7. 永远尊重外国文化。在国外时，请把自己当成世界剪刀、石头、布协会的大使。

综合格斗

我们内心深处充满了对暴力的渴望。只能推测，除了争夺配偶和食物之外，一定还有什么能够促使我们的祖先互相打斗。不过我们可以肯定的是，作为一项运动，格斗的历史几乎和文明本身一样古老。古希腊人开创了民主制度并留下了意义深远的艺术与思想作品，但他们仍有时间和理由享受一场精彩的角斗比赛，而当时的角斗几乎全是徒手进行。在为战争做准备时，男性需裸体参加一种称为"潘克拉辛"（pankration）的搏击运动，而这项运动有时会致命。到了公元前648年，潘克拉辛已经成为奥运会的一项赛事。

如今，酒吧之外最激烈的斗殴发生在一个八角形的笼子里。男女综合格斗（简称MMA）的信徒们努力通过世界各种格斗招式迫使对手屈服。这个决定性特征——混合各种武术——为格斗这项几乎永远不变的运动增添了一些新颖的内容。综合格斗出现在19世纪末，是一种成人化的游乐场挑战形式：我的格斗流派可以打败你的格斗流派！在刚向世界开放的日本港口，精通摔跤和拳击的美国水手在被称作"merikan"的赛事中与练习空手道、拳法（kenpo）等当地武术的日本人比武。就这类格斗而言，某种武术的声誉如何取决于其代表人究竟是取得了压倒性的胜利，还是遭遇了血腥的失败。它早已冲破日本的国界，延伸到其他格斗形式：泰拳、柔术、古典式摔跤。20世纪初，各种形式开始融合，不论是选手本身，还是其所采用的格斗技法，都成为比赛的焦点。

当时，一种混合格斗术正在南美洲成形：巴西柔术（简称 BJJ），它结合了日本柔道（其本身就综合了中世纪的各种柔术技法）与欧洲的"擒拿摔跤"（强调降伏技）。为了促进这项新运动的传播，其主要的推崇者卡洛斯·格雷西（Carlos Gracie）创办了现在著名的格雷西挑战赛（Gracie Challenge）：设有现金奖励，遵循无限制格斗（vale tudo）传统的全流派格斗邀请赛。卡洛斯和他的亲属——延续至今的 MMA 王朝的第一代王者——迎战了所有挑战者：摔跤手、拳击手，甚至还有卡波耶拉（Capoeira）斗士。征服巴西之后，格雷西家族的一些人移民加利福尼亚，在那里迎接新的挑战，也吸引了新的粉丝。

20 世纪 90 年代初，格雷西家族美国分支的首领罗里翁·格雷西（Rorion Gracie）开始积极物色展示 BJJ 的渠道。他与营销人员及电影制片人合作，创建了另一种无限制格斗／格雷西挑战赛的混合赛，这是一场在付费点播电视上播出的笼中格斗赛。他的终极格斗冠军赛（简称 UFC）于 1993 年 11 月 12 日在丹佛首映。来自 BJJ、拳击、踢拳、相扑、Savate（法国踢腿术）、美式拳法、Shootfighting（日式摔跤）、跆拳道等流派的各重量级的选手们汇聚一堂。赛前为 UFC 1 比赛拟定的规则旨在树立一种并非完全无法无天的街头格斗形式，然而这套规则显然是多余的。BJJ 选手获胜时，美国格斗迷见证了一种新型的格斗运动。他们很喜欢这项运动。

运动起源

UFC 1 规则（1993 年）

规则	注释
··· 1 ··· **一回合 5 分钟，[1] 回合间休息 1 分钟。**	1. 所有 UFC 冠军战依然保留着每场比赛 5 回合，每回合 5 分钟，每回合间休息 1 分钟的传统。实际上，即便不是冠军战，大多数管理机构也会做出类似的规定。
··· 2 ··· **比赛在由约翰·米利厄斯（John Milius）设计的直径 20 英尺的圆坑[2] 进行。**	2. 综合格斗的创始人认为，这项充满暴力的运动可能会导致选手从更为传统的擂台上跌落下来。取代圆坑的是一只八角铁笼——每面宽 30 英尺，高 5.5 英尺——也许根本就不是好莱坞编剧约翰·米利厄斯设计的。八边形的设计使得拳手很难将对方困在角落，而且可以抵消习惯在圆形或方形场地比赛的摔跤手和拳击手的优势。
··· 3 ··· **选手需穿着与其流派一致的服装（例如，空手道道服、柔道道服、拳击手短裤等）。[3]**	3. 2000 年，加利福尼亚州和新泽西州通过了现在被称为"综合格斗统一规则"的方案，其中对选手的衣着进行了规范：拳击短裤、护裆、护齿牙套、手套（4～6 盎司）。
··· 4 ··· **如果出现下列情况，可终止比赛：击倒（标准的数 10）、降伏、助手丢毛巾、窒息、医生介入。[4]**	4. 听起来很吓人，但其实对于赛事的炒作更可怕，甚至有报道说，除非选手被击倒、被降伏或丧命，否则比赛不会停止。

规则	注释
… 5 … **允许拳击、脚踢、肘击、关节技和 / 或锁喉。**[5]	5. 不过有一些限制。据说，罗里翁·格雷西曾在第一次规则会议上声明："不准咬人。我们是人，不是动物。"
… 6 … **打击的目标区域包括头部和躯体，但是眼睛和腹股沟除外。**[6]	6. 事实上，UFC 2 允许选手打击腹股沟，但是 2000 年对这项运动的规则进行更正式、更全面修订的时候，打击腹股沟和许多行为都被禁止。下面列出的是现在禁止的最恶劣的行为： • 咬人或向对手吐口水。 • 鱼钩手（将手指插入对方口中或鼻中并向外拉扯）。 • 故意用手指戳对手身上的窍孔、伤口或裂口。 • 小关节控制。 • 以任何形式打击喉咙，包括但不限于抓住气管。 • 对方倒地后，膝击或脚踢对手的头部。
… 7 … **如果选手采用的技法是握拳攻击脸部与头部，那么需要佩戴 6 盎司拳击手套或拳法手套**[7]**，否则允许不戴手套。**	7. 拳法（Kenpo 或 Kempo）手套可以盖住指关节，但是手指和手掌裸露在外。不过一开始，很少有人佩戴手套，从而为这项运动招来了恶名。

规则	注释
… 8 … **没有记分系统 [8]，除非将对手击倒、降伏或锁喉，否则比赛将进入加时回合。**	8. 和拳击一样，现在 UFC 的胜负也由三名笼边判分员决定，不过 UFC 老板达纳·怀特（Dana White）会在赛后给予降伏和击倒对手的选手额外的奖金，这笔钱甚至比赛事奖金还要多。
… 9 … **出现缠抱和 / 或倒地时，比赛不得中断。[9]**	9. 已不再是官方规则，不过千万不要告诉格斗迷。每当选手（通常是摔跤手）采取被嘲讽为"放倒祈祷"（lay and pray）的战术时 —— 即将对手摔倒在地，然后固定住对方使其无法动弹 —— 观众们往往嘘声不断。如今，如果出现这种情况，裁判往往会介入，让选手们站起来。

体重标准

搏击运动的体重级别

如果根本就不公平，那还算格斗吗？让两位体形相近的运动员互相较量是最公平不过的。（请注意：所有重量，包括从公斤换算得到的磅数，都经过了四舍五入。）

男子拳击（职业）

1823 年出版的英国俚语汇编《格罗斯经典俗语词典》（*Grose's Classical Dictionary of the Vulgar Tongue*）将"轻量级"定义为"拳击中对于 12 英石（1 英石 ≈ 6.35 千克）以下男子的称呼"，从而创造了有史以来第一个拳击重量级：不超过 12 英石或 168 磅。由于其他字典对"轻量级"给出了不同的解释，伦敦国家运动俱乐部（National Sporting Club of London）于 1909 年列出了一份完整的体重级别清单，解决在这一问题上的争议。

级别	体重（磅）
迷你蝇量级（minimum weight）	<105
初蝇量级（junior flyweight）	108
蝇量级（flyweight）	112
初雏量级（junior bantamweight）	115
雏量级（bantamweight）	118
初羽量级（junior featherweight）	122
羽量级（featherweight）	126
初轻量级（junior lightweight）	130
轻量级（lightweight）	135
初次中量级（junior welterweight）	140
次中量级（welterweight）	147
初中量级（junior middleweight）	154
中量级（middleweight）	160
超中量级（super middleweight）	168
轻重量级（light heavyweight）	175
次重量级（cruiserweight）	200
重量级（heavyweight）	>200

女子拳击（职业）

自 18 世纪初，女子拳击就已经出现了，不过这些比赛通常都是非法的。在经过一连串的法律斗争之后，女子业余比赛才于 1993 年获得美国拳击协会（USA Boxing）的认可，并加入了体重级别。此后不久，女子拳击就在美国获得了全面认可。

级别	体重（磅）
针量级（pinweight）	<101
轻蝇量级（light flyweight）	106
蝇量级（flyweight）	110
轻雏量级（light bantamweight）	114
雏量级（bantamweight）	119
羽量级（featherweight）	125
轻量级（lightweight）	132
轻次中量级（light welterweight）	138
次中量级（welterweight）	145
轻中量级（light middleweight）	154
中量级（middleweight）	165
轻重量级（light heavyweight）	176
重量级（heavyweight）	>189

运动起源

男子柔道（奥运会）

柔道的原则是以柔克刚：弱者可以通过避开攻击，使对手失去平衡，从而削弱其力量的方式，击败比自己更强壮的对手。这个想法似乎与划分体重级别的做法背道而驰，但是随着柔道运动的普及，划分体重级别成了被认可为正式运动的必要条件。在 1964 年的东京奥运会上，这项运动的发源国首次对选手的体重级别进行了划分。

级别	体重（磅）
无正式级别名称	<132
	146
	161
	179
	198
	220
	>220

女子柔道（奥运会）

20 世纪 60 年代前，女子柔道与男子柔道并不相同。20 世纪初，英国的妇女参政论者使用柔道对抗警察，并且越来越多的女性学会了自卫术。不久之后，这项运动便与独立和自由联系在一起，并成为一种似乎不太可能有用的进步工具。男子比赛划分体重级别之后，第一届获得认可的女子比赛于 1975 年举行。

级别	体重（磅）
无正式级别名称	106
	115
	126
	139
	154
	172
	>172

男子综合格斗（UFC）

与柔道一样，MMA 最初奉行的原则 —— 让不同流派的斗士可以相互较量 —— 似乎与划分体重级别抵触。但是，MMA 的管理者意识到需要进一步规范这项"非法"运动。2001 年，新泽西州运动管理委员会（New Jersey State Athletic Control Board）颁布了一套规则（包括体重级别划分）。此后，这套规则得到了普遍应用。

级别	体重（磅）
草量级（strawweight）	115
蝇量级（flyweight）	125
雏量级（bantamweight）	135
羽量级（featherweight）	145
轻量级（lightweight）	155
次中量级（welterweight）	170
中量级（middleweight）	185
轻重量级（light heavyweight）	205
重量级（heavyweight）	265
超重量级（super heavyweight）	无限制

女子综合格斗（UFC）

由于推广女子 MMA 的机构数量众多，不同的比赛采取的规则也不尽相同。但是最常用的是 UFC 颁布的规则，其中就对体重级别进行了划分。

级别	体重（磅）
草量级（strawweight）	115
雏量级（bantamweight）	135

男子相扑（美国相扑锦标赛）

业余相扑之所以也要划分体重级别，是因为它正在努力争取成为奥运会的项目之一；职业相扑选手的分类依据的则是他们的胜率。虽然，自 1992 年以来相扑运动就引入了体重级别，但它至今依然未能跻身夏季奥运会的比赛项目。

级别	体重（磅）
轻量级（lightweight）	187
中量级（middleweight）	253
重量级（heavyweight）	>253

女子相扑（美国相扑锦标赛）

职业相扑甚至禁止女性踏上土俵，但是这并没有阻止她们穿上裈（mawashi，兜裆布），并且她们经常与男选手对战。在国际相扑总会（International Sumo Federation）的支持下（部分是为了响应 1994 年国际奥委会不考虑单性别奥运会项目的声明），1996 年在欧洲举办了第一届全女子锦标赛。比赛没有职业男子相扑的宗教色彩，但同样划分了体重级别。

级别	体重（磅）
轻量级（lightweight）	143
中量级（middleweight）	176
重量级（heavyweight）	>176
无差别级（open weight）	不限

男子古典式摔跤（奥运会）

古典式摔跤与自由式摔跤有何不同（两者都是奥运会项目）? 在古典式摔跤中，只能缠抱对手腰部以上的部位。尽管古典式摔跤的体重级别通常比自由式摔跤重几磅，但其摔跤手通常比自由式摔跤手更瘦。

级别	体重（磅）
无正式级别名称	130
	146
	165
	187
	216
	287

女子自由式摔跤（奥运会）

在 2004 年以来包括奥运会在内的各级比赛中，女子摔跤采用的都是自由式。高中和大学女子摔跤手的队伍不断壮大，部分原因是她们可能因此跻身日益流行的女子综合格斗界。

级别	体重（磅）
无正式级别名称	106
	117
	128
	139
	152
	165

扑 克

扑克到底算不算一项运动？关于这个问题的争论从未停歇 —— 至少自 2003 年 ESPN 扩大了对世界扑克大赛（World Series of Poker）的转播之后，质疑的声音便出现了。（当时，ESPN 在这类问题上拥有绝对的发言权，而世界扑克大赛是世界扑克比赛中最具影响力的赛事）。平心而论，体育迷们一向喜欢争论，所以像这样的分歧也不是什么新鲜事。人们对改装车赛和高尔夫的问题就众说纷纭。扑克与改装车赛一样，都需要耐力和专注力（虽然批评家揶揄改装车赛无非是在兜圈子）。选手必须长时间集中精力，同时还要敏锐地观察竞争对手的行为。扑克也和高尔夫类似，都是对意志力和策略的考验（虽然反对者认为高尔夫只不过是一场长距离的散步，其间偶尔完成一些需要手眼协调的动作）。在漫长而单调的比赛中，扑克选手会因为自律而收获奖励。

昔日的扑克玩家们要是听到这番分析一定会觉得好笑，因为他们大多只是对赌博感兴趣罢了。扑克起源于 10 世纪中国皇帝玩的叶子戏。（中国人发明牌戏的时间更早一些。）其中还有一些与 16 世纪的波斯游戏相关的元素。但是，扑克最近的表亲 —— 它的名字也最有可能来源于此 —— 是一种叫"poque"的游戏。这是一种 17 世纪的法国游戏，源自早期的西班牙游戏和德国游戏（分别叫作"primero"和"poch"）。各地的游戏规则各不相同，但是相同的扑克牌组合随处可见：一对、三条、同花（flux 或 flush，五张同一花色的牌）。更为关键的是，所有扑克游戏都是在同样的假设下发展起来的，即赢家手里的牌未必就是最好的牌，因为赌技和演技也十分重要。1850 年首版的《博恩新游戏手册》（*Bohn's New Hand-Book of Games*）就将扑克称作"bluff"（虚张声势），书中还收录了现存最早的"现代"扑克规则。

法国人将 poque 带到了新大陆。poque 逐渐流行开来，部分原因是人们可以借此消磨待在船上的时间。当时，新奥尔良这个充满法国风情的港口是密西西比河的航运枢纽。1803 年的"路易斯安那购地案"之后，扑克（其名称当时已英语化）逐渐转变为我们今天所玩的游戏。

英国演员约瑟夫·考埃尔（Joseph Cowell）在回忆录中写道，19 世纪 20 年代，他曾在新奥尔良用一副 20 张牌的扑克玩过"抽牌"（我们所用的一副 52 张牌的扑克——梅花、方块、黑桃、红心各 13 张牌——是一种"法国套牌"，但它只是众多扑克牌中的一种。例如，一副 40 张牌的"意大利套牌"由酒杯、硬币、棍棒、宝剑四种花色组成）。根据考埃尔的描述，四名玩家每人发五张牌，随后他们押注哪位玩家手里的牌最好。只有一轮下注，发牌采取的就是抽牌的形式（游戏因此得名），没有人换牌（也没有多余的扑克牌可用）。随着扑克逐渐成为拓荒者、职业赌徒、其他美国冒险家最爱的娱乐活动，一副 52 张牌渐渐成为标准：牌越多，玩家越多，赌注就越大。扑克的发展十分缓慢，因为玩家需要时间来适应高风险娱乐的变化。例如，在 1856 年版的《博恩新游戏手册》中就没有收录五张连续的牌（顺子）的组合。

博恩所描述的"发牌式扑克"是随后各类扑克的基础：五张牌梭哈（四张明牌、一张只有玩家自己知道的暗牌）；七张牌梭哈（三张暗牌、四张明牌，从中选出最好的五张牌）；当然，还有德州扑克（每位玩家都有两张底牌，所有玩家共享桌子中间的五张公共牌）。可以说，德州扑克是当今最流行的扑克游戏，也是世界扑克大赛的主赛事，每年都会吸引成千上万的玩家。为了能与职业高手及业余爱好者同台竞技，每人都会投入 1 万美元的赌注。就像高尔夫球手主张的那样，没有什么能比一场严肃的职业-业余锦标赛更能体现出体育的魅力了。

博恩
52 张牌扑克规则（1856 年）

比起另一种纸牌游戏，它的输赢在更大程度上依赖于冒险，因为握有一手好牌的人未必就是最后的赢家。如果对手下注的金额大于你认为自己手中所握牌面的价值，那么他就赢了，但是从牌面价值来说，他手中的牌也许并不如你，因此会出现前述结果。本游戏使用整副纸牌，参与者不超过 10 人。[1]

---

1. 10 人可以使用一副 52 张牌扑克，因为当时不能弃牌和重新抽牌。

发牌

游戏开始时，向每位玩家发一张牌，牌面值最低的玩家为庄家。如果出现平局，则需要再进行一轮发牌。A 最小，接着是 2，依次类推。庄家从左边开始发牌，每次发一张牌，直到每位玩家手中都有五张牌（即所需牌数）。玩家可以选择接受或拒绝亮明的牌。如果玩家拒绝，则需将其放在整副扑克牌的底部，然后将其下的一张牌发给该玩家。如果发错了牌，彩池（pool）翻倍，每位玩家均需加注，并由庄家左边的下一位玩家发牌。

下注

所有玩家在赌桌中间的彩池中押金额相等的赌注，每个人的输赢分开结算。一般使用筹码（counter 或 chip）[2]，游戏开始时，玩家需就筹码的价值达成共识。下注金额不设限，在池中投入最多筹码或在自己身上押注最多的人，有权获得所有赌注，除非该名玩家遭到对手的挑战。在这种情况下，两人需投入相等的赌注，牌更好的人获胜。如果一方的赌注不够对手现有的赌注，可以要求观战（sight）[3]。

偶尔也会有"奖金"（premium）[4]，游戏开始时需要决定奖金的金额。获得奖金的玩家至少应有同花（flush）[5]，接着是葫芦（full）。四种花色均从 2 开始，以四张 A 结束。

---

2. 直到 20 世纪初，扑克筹码才被标准化。那时，赌场和其他制造商开始生产今天所用的带装饰的陶制筹码。在此之前，金块、硬币或其他有价值的小东西都可以充当筹码。

3. 现在，没有带够现金的玩家可以赊账（go light）——前提是，玩家们都比较友善。如果你参加的是锦标赛，那就只能祝你好运了。

4. 对某些特殊的牌型给予现金奖励。

5. 同花，是指五张同一花色的牌。

牌面分值

"一对"是两张相同点数的牌。因此，一对 2 分值最低，一对 A 分值最高。

"两对"的牌大于一对 A，其中一对 2 和一对 3（trays）[6] 分值最低，一对 K 和一对 A 分值最高。

"三条"是三张相同点数的牌，分值高于最大的两对。三张 2 的分值高于一对 K 和一对 A。

"同花"是五张同一花色的牌，分值高于三张 A。如果出现两副"同花"，则牌面分值高的一方胜出。

"葫芦"（full hand）[7] 是三张同一点数的牌加一对，因此三张 2 加一对 3 的分值高于任何"同花"。

最后一种组合是"四条"（四张同一点数的牌）。四张 2 大于葫芦。仅有的两种必胜组合是四张 K 加一张 A 与四张 A。[8] 握有上述两种牌之一的幸运儿可以稳赢自己及对手所下的赌注。

如果两位及两位以上的玩家的对子点数相同，则边牌分值最高的玩家胜出。

---

6. 现在这个词拼写成 treys，不过无论采取哪种拼写方式，指的都是 3。

7. 也叫"满堂红"（full house）。尽管这个词更加让人摸不着头脑，它还是更为常见。有时，还会被叫作"满船"（full boat）。为什么会有这种表达？与扑克许多术语的来源一样，这是因为有人曾因对手手中的牌是三条加一对而输掉了自己的船。

8. 现在，分值最高的是皇家同花顺（royal flush），即花色相同的 10、J、Q、K、A。皇家同花顺出现的概率是 $1/649750$，即 0.0000015%。一个人一生中被闪电击中的概率是它的 50 倍。

"不要"（pass）：庄家左侧的玩家享有下注或不要牌的优先权，以此类推，直至轮回庄家。如果所有的人都不下注，这手牌就会被抛弃，从而形成"双头"（double head），庄家左侧的玩家成为庄家。

"跟注"（call）：当玩家希望投入与前一位玩家相同金额的筹码时，会使用这一术语。

"加注"（run over）：你想投入比前面玩家更多的筹码，或者仅仅只是"吓唬"对手。

"观战"：如果你没有足够的资金跟注，那么可以投入身上所有的现金，看到一位对手的牌。

"双头"：如果没有人下注，则赌注加倍，庄家向左移动一位。

"三头"（treble head）：已经发牌两轮且无人下注，彩池始终属于主办方，直到有人下注。

"盲注"（blind）[9]：庄家左侧的玩家在选择跟牌或不要前，有权在彩池中投入一定数额的筹码。如果有一方认为适合跟盲注，那么必须在彩池中投入 2 倍于盲注的筹码，并有权在盲注的基础上加注。在紧接着的发牌轮中，最先轮到的玩家要么选择跟后者所跟的盲注，要么选择不要。如果没有其他人跟盲注，则彩池属于选择跟盲注的玩家。

---

9. 之所以使用"盲注"一词，是因为玩家是在没有看到牌的情况下下注的。盲注的目的是保证在游戏正式开始之前，彩池里有一定赌注，从而吸引玩家继续玩下去。

实用指南

德州扑克底牌别称

扑克玩家都喜欢俚语，尤其是在描述德州扑克开局时发给玩家的两张牌时。有几十种这样的"底牌"组合，其别称背后的逻辑大多是参考牌面的数字或字母的形状。下面是一些较有创意的名称。

子弹、尖顶

A 是杀手而且很尖。

牛仔、金刚

换言之，就是居统治地位的男性。

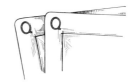

女士、雪地靴

毕竟是皇后殿下；如果眯起眼睛看，Q 就像一只雪地靴。

鱼钩、松鸦

就算不眯起眼，J 看起来也像鱼钩；J（jay）也是一种鸟类的名字。

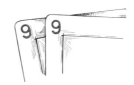

芭芭拉·费尔顿、锅钩

芭芭拉·费尔顿是《糊涂侦探》（*Get Smart*）中 99 号侦探的扮演者；我们并不确定锅钩是什么，但我们敢打赌，它一定看起来像 9。

雪人、钢琴键

不论在什么季节，8 看起来都像是两个叠在一起的巨大雪球；钢琴有 88 个键。

拐杖、曲棍球棍

取决于正面朝上还是倒置。

66 号公路、欧洲甜樱桃

借鉴美国歌曲和影视中常出现的著名的 66 号公路；6 看起来就像带着茎的欧洲甜樱桃。

马格南（手枪）、帆船

像 .44 口径的手枪；4 看起来就像是一张帆。

螃蟹、treys（三点）

歪一歪脑袋 3 看起来就很像某种甲壳类动物；古法语的 3。

鸭子、deuces（两点）

2 看起来很像是池塘里的鸭子（没错，它看起来更像天鹅，不过我们不必在这个问题上争论）；古法语的 2。

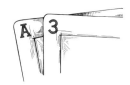

烟灰缸、幸运 13

双关语，因为 ash（灰）以 A 开头，而 tray（也就是 trey，参见 3–3 组合）的意思是 3；A 的 1 与 3 组成 13。

犬（canine）、菲多（Fido 常作狗名）

大声念出来（K-nine），答案不言而喻。

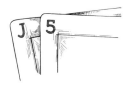

杰克逊五人组、摩城唱片

让人想起一个著名的流行音乐家族及其所属的同样著名的唱片公司。

多莉·帕顿（Dolly Parton）、勤劳的人

是这位乡村音乐偶像主演的一部电影（这个别称过时了）；一天（朝九晚五）诚实的劳动。

奥威尔、老大哥

难得一见地引用文学作品（奥威尔是《1984》的作者）；书中无处不在的政府监控。

轰炸机、pick up

美国空军 B–52 战略轰炸机；一种叫 52-pickup 的恶作剧纸牌游戏。

AK-47（卡拉什尼科夫自动步枪）、机枪

两者都是俄罗斯的攻击武器。

华尔兹、华特·佩顿（Walter Payton）

大多数华尔兹的拍号；34 是芝加哥熊队的名人堂跑卫华特·佩顿所穿的球衣号码。

黑杰克、21 点

前者是一种纸牌游戏；后者是该游戏最理想的点数。

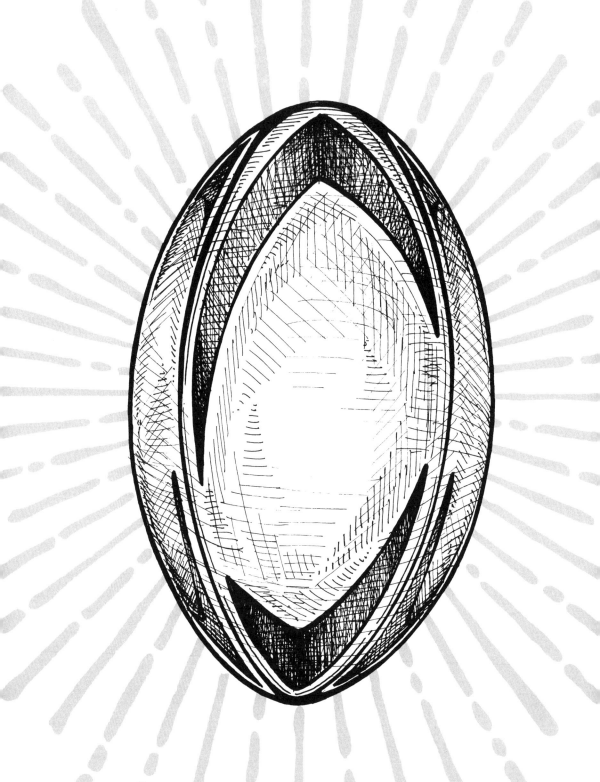

英式橄榄球

人们常说，"永远不要让事实毁了一个好故事"。传说在 1823 年，威廉·韦布·埃利斯（William Webb Ellis），一位在英国预备学校（prep school）就读的男生，在一场足球比赛中抱起球跑向对方球门，因此"发明"了橄榄球。年轻的威廉在拉格比公学（Rugby Schoool）中这一著名的叛逆行为引发了英国体育界的第一次大分裂，造成了足球（association football，又称 soccer，据说是流氓的绅士游戏）的支持者与身体对抗更强的英式橄榄球（union football，又称 rugby，据说是绅士的流氓游戏）的支持者之间长期对立的局面。归于他名下的事迹造成的影响范围已经远远超出了英国。英式橄榄球风靡整个大英帝国，也是美式橄榄球的滥觞。尽管后者的比赛中出现更多暴力和受伤，它们的目的还是相同的：试图将球送进受对方保护的领地之中。

当然，历史不太可能如此简单。足球（socccr）　　该运动家族中只能用脚踢球的分支——通常被认为是"真正的"足球（football）（也许在美国除外）。然而，允许带球跑动的运动也许比禁止这样做的运动更早出现。在英国，这类运动的历史至少可以追溯到中世纪，并且很可能起源于踢过民间足球或暴徒足球的凯尔特部落。这些混乱的比赛不限人数，参赛者通常来自相邻区域。他们试图通过一切方式，将充气的动物膀胱带过指定的边界，赛场是在牧场和城市街道中标出的。混战显然不可避免，于是，早在 12 世纪地方当局就禁止了此类比赛——

至少普通人再也无缘这项比赛。不过，仍有少数地方没有禁止足球，其中就包括英国的七大精英公学：查特豪斯、伊顿、哈罗、拉格比、什鲁斯伯里、威斯敏斯特、温切斯特。每所公学都发展出了自己独特的粗暴运动，在一定程度上，比赛规则是由当地的古怪之处所决定的：这些学校大多坐落于修道院，因此它们的空地一般都铺有鹅卵石。对于想铲球的人来说，这样的地面不太友好，因此学生们难免会偏爱运球，而不是古代民间运动中的蛮力。

然而，在拉格比公学有一大片被称为"领地"（close）的草地（这片草地现在还在），埃利斯和他的同学就是在这块场地上发展出了自己的足球形式。他的精神传承者对这种具有地方特色的发明非常满意，因此，他们在 1845 年做了一件前无古人的事情——将比赛规则写下来。近 20 年后，才有强烈反响——当哈罗、查特豪斯和其他学校的学生组建了足球协会，并为自己所踢的足球形式编制一本规则手册时，出现了影响剧烈的结果。

不过，平心而论，在早期两种运动并存的几十年中，足球一直处于主导地位，更不用说足球后来的霸主地位，至少在一定程度上是由英式橄榄球自身的问题造成的。19 世纪末，这项运动的内部斗争导致再次分裂，两大橄榄球阵营之间出现了分歧：一些人觉得应该继续将橄榄球作为一项业余爱好，而另一些人则认为球员应该获得报酬（至少当他们为了参加比赛而错过工作的时候应该如此）。起初，这两大阵营——联合式橄榄球与联盟式橄榄球——采用的是相同的比赛规则，但是最终，规则出现了显著的差异：从每队球员的数量，到取得球权，以及得分的方式。

同时，威廉·韦布·埃利斯依然被认为是橄榄球的发明者——橄榄球世界杯赛的奖杯上就刻着他的名字——彻底证明了"好故事胜过一切"的说法。

拉格比公学
橄榄球规则（1845 年）

———————————————— 决议 ————————————————

球员必须在点名前完成更衣，点名后、比赛结束前，只有遇到极端紧急的情况[1]，并且在得到双方队长（head）的许可之后，才允许球员离开领地。

对于无正当且充分理由而缺席比赛的处罚应由级长（praeposter）[2]自行决定。每当将要举行比赛时，校长（head of school）应以其认为适当的方式，在当天正餐前通知全校。

点名结束之后立即开始比赛，不得出现不必要的延迟。如果没有强烈的反对理由，就需严格遵守一周内举行的比赛不超过两场的旧习俗，其中一场必须在周六进行。

严禁不遵守规则的球员参加正式比赛，或做出任何有损本方利益的行为。

由于通过递条子来逃避苦差（fagging）[3]以及让学生免于参加比赛的其他制度被严重滥用，除经学校专职医生签字，并由院长（head of house）会签的便条，或在生病以外的情况下，由一名教师（master）签字的便条外，其余便条一律无效。

点名期间位于教练（tutor）处或因其他原因缺席的球员，都必须尽快到场。

校长需确保这些决议在学校中广为人知，并视情况尽可能平等地适用于各方。

但是，未经双方队长同意，不得允许校友（old rugbeians）参加比赛。

———————————————————————————————

1. 有时，这些规则听起来过于烦琐或过度细致（比如何时更衣），或是有些鲁莽，或是在其他方面显得官味不足，那是因为这份规则的执笔人是三名高中生（为了举例说明，才加上了第四个人的名字）。

2. 即宿舍辅导员，具体来说就是一名负责照看低年级学生的高年级学生。

3. 英式英语中表示苦活的词。在英国的公学中，低年级学生听高年级学生使唤是一种传统。因此，导致"严重滥用"的原因有待商榷。

i.　　"合法接球"（fair catch）是指直接用脚接球。

ii.　　"越位"（off Side）。如果在某名球员身后，有己方球员触球[4]，则该名球员越位，直到对方球员触球为止。[5]

iii.　"己方第一球员"（first of his side）是指己方距球最近的球员。

iv.　"前拍"（knock on）与前抛（throw on）不同，指的是用手臂或手掌击球。

v.　　"尝试射门"（try at goal）。[6] 如果在两根门柱之间触球，球可被带至任何一根门柱，但不能放置在门柱之间。踢悬空球时球必须位于界内，接球时球必须在球门线外：即使曾经触及双手，球也必须是定点球，而不能是落地球[7]，并且必须从两根门柱之间越过横杆，而没有触碰任何球员的衣服或身体。边线以外区域（touch）[8] 不得射门。

vi.　"中场开球"（kick off from middle）必须是定点球。

---

4. 最早的橄榄球是圆形的，但是经过多年的发展，它们的形状越来越接近卵形。最初，每只橄榄球的大小并不相同，因为用来制作橄榄球的动物膀胱大小不一。

5. 这项规则并没有非常清晰地描述各类橄榄球运动的核心原则（我们始终以联合式橄榄球的规则为参考）：只能向后传球，因此主要通过跑动来向前推进。如果某位球员发现自己跑到了持球队友的前面（例如，将球传给他之后），那么，除非他的队友跑动到他的前面，这名球员都不能接球，因为他越位了。

6. 现在，比赛的重点依然是达阵（try，将球送过得分线）。但是起初，达阵本身并不得分，而只是为球队提供了一次将球踢过门柱或带球越过门柱得分的机会 —— 尝试（try 的本义）。

7. 现在的附加分（conversion）既可以是落地球，也可以是定点球。

8. 出界。

---

vii.　不得在距离球门线 10 码之外的地方"重新开球"（kick out），不得在距离球门线 25 码之外的地方踢悬空球、踢落地球、前拍。

viii.　只要己方球员没有将球带离球场或带球出界，都可以"带球越过对方球门线"（running In）。

ix. 就定点球而言，球触地后防守队员即可"抢球"（charging）[9]；如果是接球后踢出的球，踢球员的脚离地后即可抢球。

x. "越位"。无论在何种情况下，越位球员均不得踢球。

xi. 越位球员不得踢对手小腿（hack）、抢球、带球越过球门线、触碰球门中的球、阻碍接球。

xii. 越位球员仅在合法接球后有权前拍。

xiii. 除球出界外，越位球员不得触及位于地面的球。

xiv. 越位球员不能通过击球或掷球的方式使自己或任何其他球员变为非越位状态。

xv. "出界"。在任何情况下，球员都不得在界线上或界外带球跑动或带球跑出界外。

xvi. 与对手遭遇时，只能抓住对方一条手臂，但如果对手试图踢球或越过边线，允许将球从他手中踢出或打落。

xvii. 大边（big-side）[10] 比赛时，不允许两个球员约定把球直接送出界外（straight out）。

xviii. 如果球员带球时触碰到树[11]，并且球在树上，可以在树的任何一边把球放下，但是对手可以要求他在靠近他那一方的树边把球放下。

---

9. 如果允许这种行为，踢球员就几乎不可能将球踢出，今天，防守队员不得在踢球员将腿伸向前方之前阻挡球。

10. 大边指的是由学校最优秀的球员组成的球队 —— 基本上就是校队。显然，在如此重要的比赛中，不可能由球员自行做出涉及比赛进程的决定。

11. 虽然拉格比公学的球场很大（在英国的公学中罕见），但也不是没有危险，场地中有三棵榆树。规则不能无视这些树木。在这种具有当地特色的情况下，当球打到树上的时候，如果对手让步的话，持球的一方可以认为球权属于树，然后从树附近的任何地方重新发动进攻。

---

xix. 如果球员触到的球出界，必须将球直接扔出界外。

xx. 比赛共进行 5 天，如果没有进球，则只进行 3 天。[12]

xxi. 比赛时，领地必须有两只球。

xxii. 射球入门的决定权归属两队队长或院长。[13]

xxiii. 除非是六年级比赛（sixth match），否则不得在球场踢球。[14]

xxiv.　双方队长或他们指定的两名代表是所有争议的唯一裁决者。

xxv.　在任何比赛中，都不允许任何陌生人通过定位球射门。[15]

xxvi.　不得用脚后跟或膝盖以上的部位踢人。

xxvii.　除对方最近球员外，不得踢对方的任何球员，争球除外。

xxviii.　任何球员都不得在其鞋子或靴子的后跟或鞋底上安装突起物或铁片。

xxix.　任何球员都不得将球带出领地。

xxx.　任何球员都不得用自己身体以外的东西阻挡球。

xxxi.　未经院长许可，任何人不得戴帽或穿运动衫。

xxxii.　大边比赛时，由本校最高的两名队员掷币。

---

12. 哇！今天，一场比赛 80 分钟，分成两个 40 分钟的半场，再加上中场休息，这已经足够了。不过这条规则暗示了早期不成熟的比赛中存在的一个基本问题：进球非常困难。

13. 换句话说，队长决定谁能上场。

14. 六年级比赛是指英国中学六年级学生的比赛，相当于美国中学三年级或毕业班的学生。准确地说，这部规则就是这些六年级的孩子们所写的，因此他们在规则中加入了这则警告，要求其他人在除规定的休息时间或比赛时间外不得进入赛场，也就不足为奇了。

15. 这很可能是第一条书面禁止冒名顶替者参赛的规则了。规则制定者非常了解这些参赛选手 —— 预备学校的其他学生 —— 他们知道只要有机会，这些学生就可能会请一些不是学生的人混入比赛。

---

xxxiii.　艾兰（Island）土堆 [16] 完全处于球门内。

xxxiv.　小边（little-side）[17] 比赛时，球门应宽四步，射门时，球必须传到在场球员够不到的地方。

xxxv.　三名级长构成一个大边锋。

xxxvi.　如果球员在无权踢悬空球时踢了悬空球，那么对手可以踢悬空球或定点球，如果球没有触及双手，就无须跑动。

xxxvii.　其他人不得阻挡除持球者外的球员。

由于这些规则现在已成为比赛规则，希望所有对橄榄球感兴趣的人都能尽量遵守。[18]

---

16. 拉格比公学校园中另一处独特的地理特征，而且它也是赛场的一部分。

17. 小边，当然是指年龄较小的学生。对他们来说，比赛场地缩小，比赛规则也不那么严格。小家伙们不须在门柱前清人，只要小心个子最高的同龄人伸出的手臂。

18. 1871 年，英格兰橄榄球联合会（Rugby Football Union）对橄榄球规则 —— 联合式橄榄球和联盟式橄榄球共同的基础 —— 进行了标准化。

瞄准，射门

各类球门

各类体育比赛的获胜方法各不相同，比如占领对方场地、迫使对方认输。最常见的方法就是将球（或冰球）放入（或穿过）一个特定的目标。球门、网兜、篮筐……不论以何种名字出现，都计为得分。

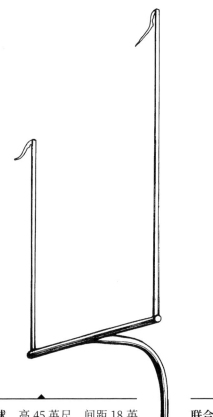
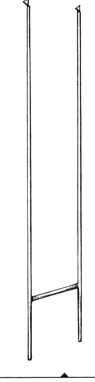

美式橄榄球 高 45 英尺，间距 18 英尺 6 英寸，横杆离地 10 英尺

1974 年 NFL 将门柱从得分线移至端区后部时，确实是为了球员的安全考虑，但最主要的原因是鼓励球队继续向前冲，而不是尝试长距离射门。

联合式橄榄球 高 30 英尺，间距 18 英尺 5 英寸，横杆离地 9 英尺

美式橄榄球的门柱曾是 H 形的，但是从 1967 年起改用 Y 形设计，以便将球员撞到支撑柱的概率降低一半。不过在英式橄榄球赛中，这并不是什么大问题，因为球员很少会待在门柱附近。

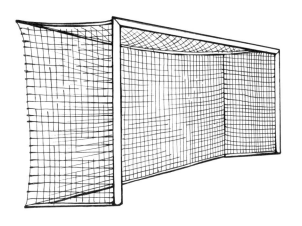

足球 24 英尺宽，8 英尺高
人们认为，体育比赛中使用的得分（score）一词，源于足球运动中一种古老的做法——在木质门柱上刻痕（scoring）来计分。

澳式橄榄球 中门柱高 20 英尺，间距 21 英尺；侧门柱高 10 英尺，距中门柱 21 英尺
澳式橄榄球的球门由四根位于同一条直线上的独立门柱构成。将球踢入中间两根门柱之间的区域得 6 分，将球踢入中门柱与侧门柱之间的区域得 1 分，击中门柱也可得 1 分。

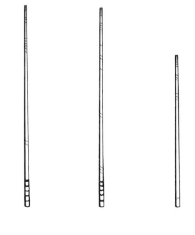

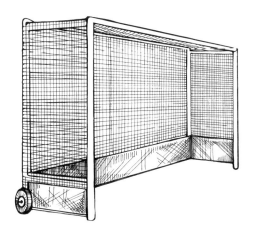

曲棍球 12 英尺宽，7 英尺高
相对曲棍球的球速而言，曲棍球的球门较大，这使得曲棍球守门员成为所有运动中最具挑战性的位置之一。

英式橄榄球

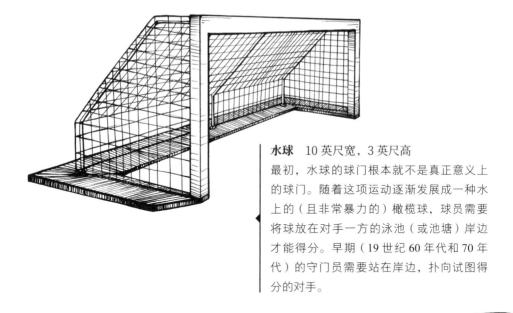

水球 10 英尺宽，3 英尺高

最初，水球的球门根本就不是真正意义上的球门。随着这项运动逐渐发展成一种水上的（且非常暴力的）橄榄球，球员需要将球放在对手一方的泳池（或池塘）岸边才能得分。早期（19 世纪 60 年代和 70 年代）的守门员需要站在岸边，扑向试图得分的对手。

篮网球 篮圈居中，直径 15 英寸，距杆 6 英寸，离地 10 英尺

尽管篮圈距离地面的高度与常规篮球相同，但是篮网球没有篮板，而且篮圈的直径要小几英寸。

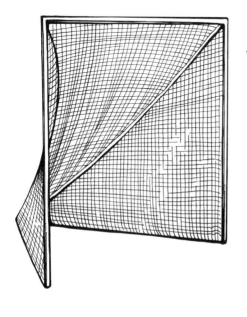

棍网球 6 英尺宽，6 英尺高

三角形底座的设计可以使球员更容易绕过球门。

运动起源

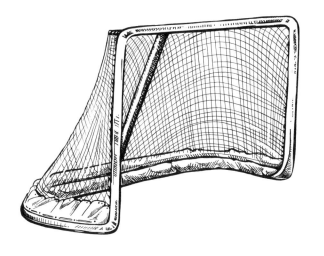

冰球　6英尺宽，4英尺高
NHL曾经将门网固定在嵌入冰中并高出冰面8英寸的金属杆上。（侧门柱的套筒包裹住金属杆。）这种设置会对所有撞入球网的人造成危险，因此联盟在1984年改用吸附在金属锚上的磁铁，金属锚嵌入冰中并高出冰面¾英寸。它的拉力很大，既能在大多数情况下固定住球网，又能在剧烈碰撞的时候松开。

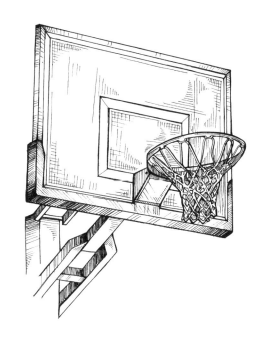

篮球　篮板6英尺宽，3.5英尺高；篮圈居中，直径18英寸，距篮板6英寸，离地10英尺
早期的篮板更多是为球迷，而不是射手设计的。19世纪90年代中期出现了第一块由木头或网眼铁丝网制成的篮板，目的是防止坐在篮筐上方方向的人干扰球员进球。

英式橄榄球

足 球

　　最早提及踢球这项运动的文献是一本公元前 3 世纪的中国兵书，其中记录了士兵将皮球踢进悬挂在竹竿之间的小网的操练方式。另一条记录是公元 500 年左右，凯旋的盎格鲁-撒克逊人将被征服的丹麦王子的头颅当球踢，这也许更能吸引我们中间那些嗜血的人。人性中的某些东西让我们几乎无法抗拒踢任何东西的冲动。

　　令人欣喜的是，动物身上的某个器官使这种欲望变得更容易实现：膀胱，特别是那些被宰杀的牲畜的膀胱。根据英国作家詹姆斯·沃尔文（James Walvin）的说法，这些器官几乎"不适合其他用途，但非常适合充气做成玩具"。（他的说法言简意赅地解释了本书为什么多次提到动物器官。）

　　最基本的足球形式在中世纪的许多文化中普遍存在。然而，后来成为世界上参与人数最多、观众最多的足球运动却是在 19 世纪初英国公学（其实是私立学校）的男生中间逐渐形成的。不同的学校采用的规则各不相同，主要的分歧在于捡球的合法性。现代足球严禁用手接球，但是这种做法在足球运动的形成时期十分常见。事实上，将比赛分为上下半场也许是相互对立的足球派别的一种妥协：一个半场允许持球，另一个半场禁止持球。

　　如果不是因为 1863 年英国的知名足球俱乐部召开了一次会议——恰好在伦敦的一家酒吧举行——也许，今天的比赛就会像前述的一样进行。这次会议商议的主题是能否持球跑动这一热点。这群人自称是足球协会（Football Association），经过六七次聚会，他们就十三条规则达成一致，其中有三条专门针对禁止持球。那些坚持认为这是比赛必不可少的部分的与会者愤然离席。从此，足球和橄榄球（以拉格比公学的名字命名，那里是橄榄球的发源地）之间便出现了巨大的鸿沟。

　　这些酒吧的会谈也在无意间导致了美国人与世界其他地方的人对这项运动的称呼上的差异——前者用的是 soccer，后者用的是 football。英国人，尤其是上层社会的成员，总是喜欢缩短名字，这是一种表示熟悉或喜爱的俱乐部情结。因此，英式橄榄球运动员在某些圈子里被称为"rugger"，而足球运动员则被叫作"soccer"（因为 assocer 有点拗口）。尽管 soccer 一词从未在英国流行，但它在美国广受欢迎不是没有理由的：美国人已经爱上了他们称之为"足球"（football，美式橄榄球）的运动，因此他们需要找到另一个词来形容从英国传入的这项运动。这就是为什么这一章（由美国作者写给美国读者）谈的是 soccer——当然，讲的其实就是 football（足球）。

足球协会
足球规则（1863 年）

规则	注释
… 1 … 场地长度不得超过 200 码，宽度不得超过 100 码，四角应由旗帜标示。球门由两根相距 8 码的立柱组成，柱子之间无须绑带子或系布条。[1]	1. 200 码已经很长了。当今国际认可的比赛都是在长 110～120 码（宽 70～80 码）的场地上进行的。门柱之间的距离没有发生变化。
… 2 … 掷币获胜方拥有选边权，另一方拥有开球权。比赛开始时，由掷币失败的一方在场地正中踢定位球。在开球之前，对方球员至少应距球 10 码。	
… 3 … 一方射门得分后，双方交换场地并由另一方开球。[2]	2. 如今只在上半场结束后交换场地。
… 4 … 当球从门柱之间或其上方的空间通过时（高度不计）[3]，且没有被投掷、前击、带球，即为进球。	3. 如今，球门的高度再也不能无限延伸了。从 1875 年起，人们为球门加了一根高 8 英尺的横梁。
… 5 … 当球被踢出边线（touch）时[4]，第一个触球的球员应从出界点向与边线成直角的方向将球掷回场内。[5]	4. 出界。 5. 现在，掷界外球时不必再垂直于边线，可以在出界点从任何角度向前或向后掷球。而且，现在界外球也不再判给第一个触球的球员，而是最后触球球员的对方球队，该队的任何球员均可掷界外球。

足　　球

规则	注释
… 6 … 某位球员将球踢出时，距离对方球门线更近的同队球员不能触球[6]，也不得以任何方式阻止其他球员触球。但当球从球门线后方踢出时，不受此限制。	6. 这是早期对于越位的规定，后来对这项规定进行了调整。只要控球方的球员与对方球门之间有一名对方球员（守门员除外），该方球员就可以跑动到球的前方。在早期制定比赛规则的过程中，这项规则的执行引起了俱乐部之最激烈的冲突。一些俱乐部甚至没有将越位视为犯规，另一些则要求相关球员与球门之间必须有三名对手。
… 7 … 球被踢到球门线后方时，如果球门所属一方的球员首先触球，则其所在一方的球员可在与触球点相对的球门线处发任意球。如果对方球员首先触球，则其所在一方的球员可在与触球点相对的球门线距离 15 码处（面对球门方向）发任意球。球踢出前，对方球员应站在其球门线后。[7]	7. 自 1872 年起采用角球。角球判给进攻方，而防守方也可以采取防守措施。
… 8 … 球员可以在安全接球（fair catch）[8]之后发任意球，前提是他必须立即用脚后跟做出标记。为了助跑，他可以后退到任意位置，在他踢球之前，对方任何球员都不得超越他的记号。	8. 等等——球员可以用手触球？正如规则 9、11、12 明确指出的那样，比赛过程中不允许用手触球（当然，守门员除外）。这条规则是与橄榄球更为接近的足球形式最后的残余。19 世纪 70 年代后，这条规则已消失不见。而且球员只能接球，不能向前传球。
… 9 … 不得持球。	

规则	注释
··· 10 ··· **不得绊人和踢人** [9]**，也不得拉人和推人。**	9. 然而，没有对假摔 —— 也就是被绊之后假装跌倒 —— 做出规定。今天的球迷认为这是一项重大的疏忽。
··· 11 ··· **不得投球或将球抛给他人。**	
··· 12 ··· **比赛过程中，不得以任何借口用手将球从地上拿起。**	
··· 13 ··· **球员不得在鞋底或鞋跟上安装突出的钉子、铁片、杜仲胶。**	

足　球

势力范围

体育运动中的各种球类

足球是世界上最受欢迎的球类运动，但它绝对不是唯一的球类运动。

（注：标注尺寸为球的周长，以英寸为单位。）

① 壁球，5 英寸。
② 乒乓球，5 英寸。
③ 高尔夫球，5.3 英寸。
④ 墙手球（American Handball），5.9 英寸。
⑤ 壁网球（Jai Alai），6.75 英寸。
⑥ 斯诺克球，6.9 英寸。
⑦ 短柄壁球（板网球），7 英寸。
⑧ 台球，7.2 英寸。
⑨ 绕圈球，7.5 英寸。
⑩ 班迪球，7.7 英寸。
⑪ 棍网球，8 英寸。
⑫ 网球，8.2 英寸。
⑬ 板棍球（Hurling），8.7 英寸。
⑭ 棒球，9 英寸。
⑮ 板球，9 英寸。
⑯ 曲棍球，9 英寸。
⑰ 威浮球，9 英寸。
⑱ 匹克球（Pickle-Ball），9.25 英寸。
⑲ 马球，10.25 英寸。
⑳ 槌球，11.4 英寸。
㉑ 垒球，12 英寸。
㉒ 硬地滚球，13.3 英寸。
㉓ 藤球，17 英寸。
㉔ 布鲁姆球（Broomball），18.9 英寸。
㉕ 台球，25.6 英寸（长 12 英寸）。
㉖ 英式橄榄球，26 英寸。
㉗ 排球，26 英寸。
㉘ 沙滩排球，26.5 英寸。
㉙ 保龄球，27 英寸。
㉚ 水球，27 英寸。
㉛ 足球，27.2 英寸。
㉜ 美式橄榄球，28 英寸（长 12 英寸）。
㉝ 篮网球，28 英寸。
㉞ 篮球，30.7 英寸。
㉟ 足垒球，31.46 英寸。

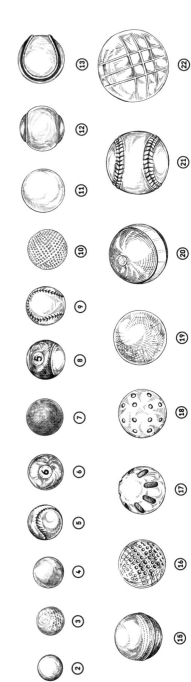

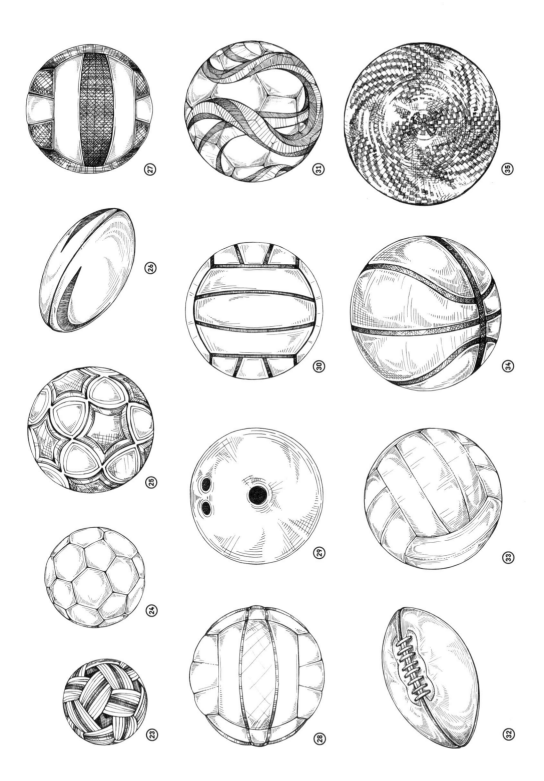

足 球

改装车赛

传说自从人类制造出第二辆汽车之后，赛车比赛随之诞生。尽管这种说法无从考证，但它确实十分符合我们对人性的理解。不论是徒步、骑马，还是搭乘汽车、轮船、飞机，大多数人都痴迷于各种快捷的交通方式。1886 年，德国发明家卡尔·本茨（Karl Benz）推出了世界上第一辆汽车。一年多后，一位法国报纸出版商赞助了目前已知的第一场汽车赛事：全长 1.2 英里的短距离竞速，起点与终点分别是巴黎的两个地标。乔治斯·布东（Georges Bouton）赢得了比赛——他显然是夺冠的热门，不说别的，最起码他是唯一到场的选手。

1895 年 11 月 28 日举办了美国历史上的第一场赛车比赛。赛程约 54 英里，车手从芝加哥出发，到达伊利诺伊州的埃文斯顿之后再折返。最终，弗兰克·杜里埃（Frank Duryea）摘得桂冠。当时，他和他的兄弟查尔斯（Charles）刚刚研发出美国第一辆汽油动力汽车。与许多早期的汽车制造商一样，杜里埃兄弟此前是自行车制造商，当石油逐渐成为全球主要燃料来源时，他们才将注意力转向机动车。于是，赛车就成为展示这些新型机动车的理想平台。随着新世纪的到来，汽车制造商和机械师开始大规模参加此类赛事，以展示他们的产品。

以今天的标准来看，这些早期的比赛还不够刺激，因为赛车的最高时速还不到 10 英里 / 小时。幸运的是，汽车制造业的发展十分迅速：到了 30 年代中期，300 英里 / 小时的速度似乎近在咫尺，至少对于专门为实现高速而设计的车辆来说是如此。当然，这些汽车必须在特定的无障碍道路上行驶，以便安全地从静止状态开始加速。由于佛罗里达州的代托纳比奇拥有宽阔的硬质沙地，自 1903 年兰索姆·E. 奥兹（Ransom E. Olds，REO 汽车和奥兹摩比汽车以他命名）与亚历山大·温顿（Alexander Winton）在那里比赛以来，就成为美国非官方的赛车圣地，吸引了众多车手和观众。1935 年，英国赛车迷马尔科姆·坎贝尔（Malcolm Campbell）就是在代托纳比奇的海滩上跑出了 276 英里 / 小时的速度。但是不久之后，犹他州更加坚硬的盐湖床吸引了喜欢追求速度的车手，代托纳比奇的市政官员们不得不寻找其他方式来重获美国人的关注（并赚取旅游收入）。

他们的解决方案是利用工厂量产的汽车进行比赛。1936 年，米尔特·马里昂（Milt Marion）驾驶他的福特 V8 在代托纳比奇封闭的海滩和公路赛道上赢得了第一场原厂车赛的冠军。事实证明，将焦点集中在原厂车上能够带来双重利益。一方面，它强调了美国的技术在这个此前一直由欧洲制造商所主导的领域中的重要性。另一方面，原厂车提供了一种能够引发共鸣的观赛体验：赛车迷很容易想象出自己坐在那些熟悉的轿车里面的感觉。但是，这种方案不可能立竿见影。1936 年的比赛亏损严重，代托纳比奇作为赛车运动温床的时代似乎走到了尽头。

商业与犯罪的结合挽救了代托纳比奇。对于许多早期的赛车手而言，开快车不仅是一种运动爱好，还是一种免于坐牢的方式。在禁酒时期（1920 年～1933 年），私酒酿造商需要将酒从藏在山里的酒坊运到南部各州渴求酒精的城镇。车速越快，运酒就越容易，因此，酒厂开始雇用那些喜欢超速的司机。这些私酒贩子往往成了当地的传奇人物，他们经常在集市上碰面并赛车，这既能让他们名声大振，又能赚到一些外快 —— 前提是厚颜无耻的发起者不会"丢失"门票收入，这种情况极为少见。

老比尔·弗朗斯（Bill France Sr.）是一位名不见经传的机械师。在那场亏损的代托纳比奇的比赛中，他屈居马里昂之后，获得了第五名。他在比赛中发现了商机，打算将秩序引入这些随心所欲的比赛。1947 年 1 月，弗朗斯创立了全国原装车巡回锦标赛（National Championship Stock Car Circuit），在一年内举行 40 场巡回赛，比赛采用累积的积分制，承诺巡回赛冠军将获得 1000 美元的奖金。那年 12 月，弗朗斯兑现了承诺，"丰蒂"杜鲁门·弗洛克（Truman "Fonty" Flock）得到了奖金支票。此后不久，弗朗斯在代托纳比奇的流线酒店（Streamline Hotel）召开了一场由著名车手、机械师、出资人出席的会议，以保证巡回赛能够有一个持久的发展方向。经过四天的商讨之后，全国运动汽车竞赛协会（National Association for Stock Car Auto Racing，简称 NASCAR）已经准备就绪。次年 2 月，在代托纳比奇举行的 NASCAR 首季首场比赛中及时出台了比赛规则。

全国运动汽车竞赛协会
1948 年规则

规则 1　符合条件的车辆 —— 1937 年 [1] 到 1948 年生产的车型。1937 年和 1938 年生产的车型必须安装四轮液压制动。

规则 2　此后生产的车型必须使用同一型的底盘。

规则 3　外国 [2] 制造的汽车不允许参赛。

规则 4　如果参赛车辆是敞篷车 [3]，必须合上顶棚并在车架上安装安全环。

规则 5　所有车辆都必须配备完整的挡泥板、踏脚板、车身。除加固外，不得以任何方式拆除这些装置。

---

1. 之所以 10 年前的车型仍然具有参赛资格，是因为大多数赛车手都是二战的退伍士兵。返回家乡之后，他们又开着自己在战前的那辆车重返赛车场（并且运送私酒）。底特律各家汽车制造厂也需要时间来重新投入民用车辆的生产。NASCAR 在接下来的赛季举办了首届"严格原厂车"或"新车"赛，该项赛事仅对车龄不超过 3 年的车辆开放。

2. NASCAR 创始人老比尔·弗朗斯坚定地认为，要给美国人民提供他们未曾见过的东西 —— 外观与他们自己所驾驶的车辆没什么差别的赛车。这意味着要坚持使用国产车。在 2004 年丰田汽车进入 NASCAR 终场之前，唯一赢得全国赛冠军的外国车是阿尔·凯勒（Al Keller）驾驶的捷豹，那是 1954 年 6 月 13 日在新泽西州林登机场的停机坪上举行的临时公路赛。

3. NASCAR 在 1956 年到 1959 年间单独设立了敞篷车组，但许多比赛都将有顶棚的车体与开放式车体编在一组比赛，包括 1959 年的首次代托纳 500 大赛（该赛事已成为这项运动标志性的赛季揭幕战）。1959 年，传奇车手理查德·佩蒂（Richard Petty）在南卡罗来纳州哥伦比亚赛道举行的敞篷车赛赢得了职业生涯第一场胜利。幸运的是，鉴于比赛的危险性，并且没有得到底特律汽车厂的支持，该系列车赛很快就被取消了。

规则 6　原厂保险杠和消音器必须拆除。[4]

规则 7　防撞杆的宽度不得超过车架，伸出车身的距离不得超过 12 英寸。

规则 8　所有车门都必须通过焊接、螺栓、捆扎的方式关闭。[5] 禁止堵住车门。

规则 9　允许以任何安全的方式增加油箱的容量。额外增加的油箱或容量更大的油箱必须藏在车内或引擎盖下。[6]

规则 10　轴距、长度、宽度必须符合规定。

规则 11　所有车辆都必须安装安全玻璃。所有前灯和尾灯的玻璃都必须拆除。

规则 12　所有车辆都必须安装完整的挡风玻璃，不得更改挡风玻璃的用途。[7] 不得使用安全玻璃以外的玻璃或其他材料。

规则 13　所有车辆都必须安装后视镜。

规则 14　所有车辆都必须随时接受技术委员会的安全检查。

规则 15　所有车辆都必须安装四轮液压制动或 1947 年以后制造的任何制动。

---

4. 为什么要拆除原厂保险杠？因为当时保险杠上突出的镀铬装饰物极易断裂（高速飞行的断裂物可能致命），或者在两车接触时钩住其他车辆。为什么要拆除消音器？因为赛车越响，看起来动力就越足！

5. 保持门关闭的最常见方法是在车门和车架上绑上一条皮带。（通常，这条皮带是直接从赛车手的裤子上拽下来的。）1967 年，强制性一体式车身的结构完全取消了车门。

6. 可以说是最错误的规则。为了确保在对手进站时自己依然可以在赛道上行驶，机械师在车门、车架、防滚架等处注满了燃料。这意味着一旦撞车，赛车手必将葬身火海。1964 年，格伦·罗伯茨（Glenn Roberts）——绰号"火球"，这个无意之间所取的名字却预示了日后的悲剧——在夏洛特赛车场一场可怕的大火中丧生。之后，NASCAR 制定了严格的燃料、电池规则，包括使用橡胶飞机膜防止油箱因碰撞而开裂。

7. 赛车手被强制使用挡风玻璃，但尤其是在泥地上行驶的时候，玻璃上会沾满泥巴，阻挡他们的视野。现代赛车的挡风玻璃上覆有一叠塑料膜。赛车进站时，这些塑料膜会被逐一撕掉，从而保证车手始终能够拥有清晰的视线。

规则 16　任何车辆的活塞排量不得超过 300 立方英寸（1 立方英寸 ≈ 16.4 立方厘米），除非发动机安装在与其设计和分类相一致的车身和底盘上。排量小于 300 立方英寸的发动机可以安装在同一制造商生产的其他车辆中。

规则 17　可使用超大气缸本体。车赛只允许使用一种卡车气缸本体，即 100 马力（1 马力≈0.746 千瓦）福特 [8] 气缸本体，它与乘用车的基本相同。这种气缸本体仅可用于 1947 年以前的福特车型。（1947 年之前的所有车型都必须使用原厂的可更换乘用车气缸本体。）

规则 18　可在没有风扇或发电机的情况下驾驶汽车。

规则 19　任何飞轮均可使用。

规则 20　任何部件均可加固。

规则 21　任何尺寸的可更换车轮或轮胎 [9] 均可使用。

规则 22　任何车尾装置均可使用。

规则 23　任何水箱均可使用，前提是原厂的引擎盖可以正常关闭和锁住。引擎盖必须安装安全带。所有车辆都必须装有引擎盖，而且必须是同一型号的原厂引擎盖。

规则 24　除磁发电机外，任何类型的电池点火器均可使用。

规则 25　任何类型的火花塞均可使用。

---

8. 选择福特的车队之所以享有特权，并不是偶然的。传奇的福特平头引擎是走私者的首选，因此，福特的赛车受到偏爱。1948 年举行的 NASCAR 最早的改装组冠军赛共有 52 场比赛：福特车包揽了所有场次的冠军。

9. 20 世纪 70 年代起，人们开始对赛车进行更加严格的统一，轮胎的尺寸也是如此。在此之前，无论多么愚笨的车手，只要换上最好的特技轮胎，就拥有了制胜的法宝。"疯子"约翰尼·曼茨（Johnny "Mad Man" Mantz）换上庞大的卡车轮胎后赢得了 NASCAR 的第一场沥青赛道比赛 —— 1950 年在达灵顿举行的南方 500 大赛。他的车沿着路肩平稳行驶，其他 74 辆赛车在高倾斜弯道全都如同生日气球一般爆了胎。

规则 26　任何按模型制造的扁平型气缸盖均可使用。可对气缸盖进行机械加工以增大压缩比。

规则 27　只允许使用作为出厂标准配置或选装配置的带顶置阀的气缸盖。

规则 28　任何气门弹簧均可使用。

规则 29　允许使用多个化油器[10]，任何类型的化油器均可使用。

规则 30　仅当制造商提供原厂选装的情况下才允许使用增压器。

规则 31　可以拆除水泵叶轮。

规则 32　允许改装凸轮轴。

规则 33　可使用改装的曲轴。

规则 34　所有车手必须系好安全带，并佩戴安全头盔。[11] 安全带必须用螺栓固定在车架的两个点上，并且必须采用航空锁扣式的快速释放皮带。

规则 35　必须使用规范的防撞头盔。

---

10. 化油器一直是 NASCAR 的标配，直到普通汽车淘汰化油器很久之后才被取消。从肯尼迪执政期间起，车队开始使用老式的四管化油器，一直持续到 2012 年，他们才正式改用燃油喷射装置。自 20 世纪 90 年代以来，所有新生产的美国乘用车都配备了燃油喷射装置。

11. 这条规则以及下一条规则在当时具有革命性的意义，是首次为迫使粗野的赛车手保护脖子而做的实际努力。在过去的几十年中，安全要求的改变极为缓慢，直到 2001 年戴尔·厄恩哈特（Dale Earnhardt）在代托纳 500 大赛中丧生，人们才开始加快对其进行改进。六点式安全带和定制座椅迅速成为标配。NASCAR 强制要求使用头颈支撑系统，并且会进行详细检查以确保这些座椅和安全带安装正确。

启动引擎

动力运动的交通工具

NASCAR 绝不是世界上唯一的（或最大的）追求引擎速度的比赛。有发动机的地方，就有人会对它进行改装。

快艇

速度最快的快艇是水上滑行艇（hydroplane）。它的设计是将空气聚拢在船体下方，因此它实际上是在一层气垫上行驶，只有几英寸的船体与水面接触。水上滑行艇的时速可以达到 260 英里。

摩托艇（F1 摩托艇世界锦标赛）

隧道式船体的设计为 F1 摩托艇提供了更高的机动性，使其能够在不到两秒钟的时间内从静止加速到 60 英里 / 小时。比赛的赛道不是快艇直线竞速那种笔直的。选手在经过急弯时要承受 4.5 倍重力的力。尽管如此，摩托艇的驾驶舱依然是开放式的，直到 20 世纪 90 年代才开始要求使用封闭式驾驶舱，以便在发生碰撞时保护选手。

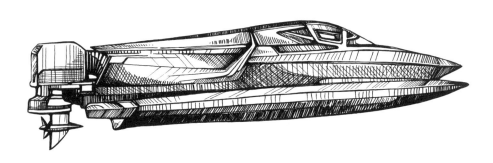

雪地摩托车（雪地摩托车越野赛）

1937 年，加拿大发明了第一台雪地摩托车，但直到 1998 年，冬季极限运动会（Winter X Games）才增加了雪地摩托车越野赛这项由摩托车越野赛衍生而来的比赛项目。雪地摩托车越野赛选手一跃就能飞过 100 多英尺，当赛道上没有什么障碍物时，他们能以高达 60 英里 / 小时的速度直行。

摩托车（世界摩托车锦标赛）

1949 年，世界摩托车锦标赛首个赛季正式开赛，它是最古老的摩托车世界巡回赛。如今，它的赛事已遍布四大洲的 14 个国家。

超微型车

这些紧凑的汽车具有很高的功率重量比。超微型车赛始于 20 世纪 30 年代，长期以来一直是 NASCAR 的小联盟赛，选手中不乏杰夫·戈登（Jeff Gordon）和托尼·斯图尔特（Tony Stewart）等大牌车手。

改装车赛

开轮式赛车（印地赛车）

印地赛车是美国最受欢迎的开轮式赛车形式，因此也成了整个运动的代名词。这是美国速度最快的汽车赛事，赛车在椭圆形赛道上的最高时速可以达到 230 英里。著名的印第安纳波利斯赛车场就是椭圆形，它是举世闻名的印第安纳波利斯 500 英里大奖赛的赛道，这项运动也因此得名。

开轮式赛车（F1）

F1 的大小和速度与印地赛车相仿，但由于在曲折的公路赛道上比赛，F1 的车速要慢得多。不过，人们似乎认为这是值得的，F1 是世界上最昂贵的赛车运动，车队的预算高达数亿美元。

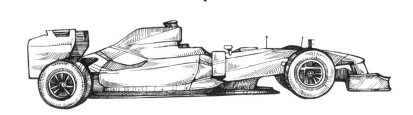

卡车（NASCAR 卡车系列赛）

NASCAR 的卡车系列赛几乎只在美国举行，车型是更接近赛车的皮卡，而不是工程车。露营世界卡车系列赛（Camping World Truck Series）是又一项通往大联盟赛的小联盟赛。斯普林特杯系列赛（Sprint Cup）的明星车手凯尔·布施（Kyle Busch）、凯文·哈维克（Kevin Harvick）以及卡尔·爱德华兹（Carl Edwards）都是通过卡车系列赛开启了他们的职业生涯。

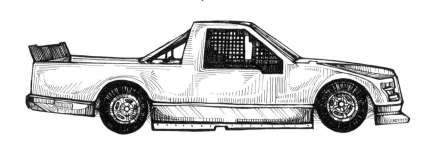

卡车（国际汽车联合会）

这是另一项以欧洲为中心的巡回赛，由国际汽车联合会
（通常简称 FIA，取自其法语名称的首字母）运营。与许
多以纯种赛车为特色的比赛形式不同，FIA 卡车看上去很
像普通的半挂式卡车。由于车辆的许多部件与改装半挂
式卡车类似，因此车辆的最高速度可达 100 英里 / 小时。

改装赛车（NASCAR）

尽管外观上可能与车迷从当地经销商那购买的汽车相似，
但其实 NSCAR 赛车与普通乘用车截然不同。在主要的
斯普林特杯系列赛中的赛车都是普通量产车型的高技术
定制版。比赛的胜利既能反映车队的工程技术，也体现
了车手的赛车天赋。据说，目前高度规范的"第六代"
设计是为了让这项运动回归本源，通过更难操控的赛车
来凸显车手的实力，同时赛车的设计也更接近量产车型。

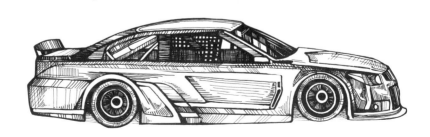

改装车赛

网　球

　　"拍球"（racket-and-ball）运动源自"棍球"运动。不过，我们所知的网球必须首先走过"掌球"（hand-and-ball）的阶段。有关人们以掌为拍来回击物的记载可以追溯到公元前 2 世纪。更具体的证据表明，网球的萌芽大约出现在公元 1000 年。那时，中世纪的欧洲修道士们会在修道院内玩一种名为"jeu de paume"（掌上游戏）的游戏。据说，他们喜欢在发球前大喊一声"tenez"（意为"接球"）—— 就像"你准备好接发球了吗？"—— 以此提醒对手自己即将发球。"tennis"（网球）这个名称很可能源于此。

　　在接下来的几个世纪，这项运动不断发展 —— 例如，戴上手套保护双手 —— 并逐渐成为贵族的消遣。很快，欧洲各地的庄园和宫廷中都建起了精致的室内球场。网球最为人熟知的特色（球场、球网、怪异的计分系统，以及球拍 —— 因为贵族的手掌至少和修道十一样娇嫩）则可以追溯至 14 世纪中叶左右在欧洲大陆盛行的这项室内运动。

　　由于只能在室内 —— 通常是宫廷里 —— 打网球，网球主要还是富人的运动。（普通人的家里没有这么大的空间。）多亏了两位聪明的英国人，不然网球也许只能止步于室内运动。1830 年 8 月 31 日，格洛斯特郡斯特劳德的埃德温·比尔德·巴丁（Edwin Beard Budding）获得了第一台割草机的专利，与之前使用的镰刀和长柄大镰刀相比，这项发明可以将草修剪得更短、更均匀。一夜之间，英格兰新兴中产阶级的后花园成了进行草地滚球和槌球等新兴运动的理想场所。19 世纪 60 年代前后，由于规则限制多且节奏缓慢，人们对槌球的热情逐渐消退，尤其是那些寻求运动性与挑战性的年轻一代。

沃尔特·克洛普顿·温菲尔德（Walter Clopton Wingfield）从中看到了商机。1873 年，这位人脉颇广的退役陆军上尉填补了这一需求，他开始向全世界推销一种名为"Sphairistike"（希腊语"球技"）的产品。（当时，英国的其他民众也正在重新熟悉这项古老的运动，只不过真正使其流行起来的人是温菲尔德。）他发明的便携式装备包括一张网、根据室内球拍改良的球拍、一个印度橡胶球，以及如何布置一个沙漏形比赛区域的说明，该区域内设有底线与发球区，可同时容纳二到四名参与者。尽管人们对于其拗口的名字认可度不高，但这并不能阻止这项新运动人气飙升。不出一年，温菲尔德的朋友阿瑟·鲍尔福（Arthur Balfour，后来成为英国首相）说服他修改运动的名字。（球场的形状也没能逃过被改变的命运。）草地网球由此诞生，草地也成为网球比赛的三种主要场地之一。如今，网球四大满贯赛事之一就是在温布尔登的草地上进行的，温布尔登即全英草地网球和槌球俱乐部（当时，运动的名称是颠倒的）——1877 年举行首届锦标赛。一年之后，比赛规则得到了标准化。

值得称道的是，温菲尔德没有声称自己"发明"了一款新游戏。他在专利申请中明确指出，他只是在试图简化"古老的网球运动"，使其可以在"露天场地"进行。不幸的是，尽管他努力将计分系统改成基于 15 记"ace"或 15 分的系统，但 15、30、40 的怪异现象仍然保留。

全英槌球和草地网球俱乐部
草地网球规则（1878 年）

球场宽 27 英尺，长 78 英尺。由一条悬挂在两根网柱 A 和 A 顶端的球网将球场从中间分开，两根网柱均位于球场两侧外 3 英尺处。[1] 球网在网柱处的高度为 4¾ 英尺，在球场中心的高度为 3 英尺。球场两端各画有一条与球网平行且距网 39 英尺的"底线"（base-line）CD 与 EF。底线两端由"边线"（side-line）CE 和 DF 相连。两条边线的正中间画有一条与边线平行的半场线 GH，将球网每侧的场地分隔为两块相等的区域，分别称为"右区"（right court）和"左区"（left court）。球网两侧距网 22 英尺处各画一条与球网平行的"发球线"（service-line）XX 和 YY。

三手或四手比赛[2]的场地宽 36 英尺，球网在网柱处的高度为 4 英尺。球场其他尺寸同上。

球[3]的直径不得小于 2½ 英寸，也不得超过 2⅝ 英寸；重量不得小于 1¾ 盎司，也不得超过 2 盎司。

规则 1　在第一局，选边权和发球权由掷币决定：如果赢家选择了发球权，则另一方拥有选边权，反之亦然。选手应相对站在球网两侧，率先发球的选手被称为"发球方"（server），对方被称为"接发球方"（striker-out）[4]。第一局结束后，接发球方变为发球方，而发球方则变为接发球方，随后的比赛依此类推。

---

1. 这份规则中附有一张球场的示意图。由于现代网球场的尺寸与之相同，我们没有在此附上这张布局图。

2. 四手比赛即为由四名网球运动员参加的双打比赛。三手比赛（二对一）如今被称为加拿大双打、澳大利亚双打或三人赛（cutthroat）等，不同地区叫法不同。（三人比赛并未获得官方认可。）现在，这两类比赛已无须在尺寸不同的场地上进行。

3. 球的大小没有变化，但是颜色有所改变。自 1972 年以来，所有获得认可的赛事使用的网球均为荧光黄色，这样，选手和观众都更容易看到球。为什么网球的表面是毛茸茸的？为了减少反弹并减慢其速度。为了达到这个目的，最早的一些网球表面覆有动物皮毛，甚至是人的毛发。

4. 如今已不再使用这个别扭的术语，然而迄今尚未找到更好的替代词汇。

规则 2　发球时，发球方应一只脚[5]踩在底线后面，每一局均应从右区开始发球，然后左右区交替发球。发球落点应位于对角发球区内，或任何组成对角发球区的界线（发球线、半场线和边线）上。

规则 3　如果发球落网、落在发球线外或场外，或是没有落在正确的区域，均属于"发球失误"（fault）。发球失误无须接发球。发球失误后，发球方应从其发球失误时所在的场区重发一次。

规则 4　不得"截击"（volley）发球，即在球未落地前击球。

规则 5　在接发球方准备就绪之前，发球方不得发球。如果接发球方试图接发球，则视为已准备就绪。如果接发球方尚未准备就绪时发出有效发球，则抵消之前的一个发球失误。[6]

---

5. 嗯，听起来像是脚误。现在，如果从发球动作开始到球拍触到球之前的这一段时间双脚不在底线后面，裁判会判接发球方得一分。

6. 如今不是这样了，这一分会重赛。

规则 6　在球第二次触地前击球过网，即为"回球"（returned）或"活球"（in-play）状态。

规则 7　擦网球仍视为有效发球和回球。

规则 8　如果接发球方截击发球，或未能成功接发球，或在活球状态下回球落网，或回球出界，或根据规则 10 接发球方失分，则发球方得一分。

规则 9　如果发球方连续两次发球失误，或未能在活球状态下成功回球，或回球出界，或根据规则 10 发球方失分，则接发球方得一分。

规则 10　如果在活球状态下，球触到选手身体、其穿戴或携带的任何物品（处于击球状态的球拍除外），或用球拍触球或击球超过一次，则该名选手失一分。

规则 11 选手得到第一分时，计为 15；得到第二分时，计为 30；得到第三分时，计为 40[7]；得到第四分时，该选手赢得此局，除非出现以下情况：

> 双方各得三分时，则为平分（deuce）。[8] 一名选手获得的下一分计为该选手占先（advantage）。如果该名选手又赢得一分，就赢得了这一局。但是如果另一名选手获得下一分，比分又计为平分，以此类推，直到有一名选手在平分后连续获得两分，则该选手赢得这一局。

---

7. 人们认为这种怪异的计分系统源自钟面的四分之一圆周，每得一分就将时钟拨动四分之一圆周。至于为什么不是 45 而是 40，是因为选手必须再赢两分才能获胜，而且 45 和 60 之间的刻度无法直观地分为两半。网球中的零分叫作 "love"，源自 l'oeuf（法语的鸡蛋），因为对早期的选手来说，0 看起来就像是一个鸡蛋。（顺便说一句，法国人不用 love。他们会直接使用 0。）

8. 源自 deux（法语的 2），因为选手还需再得两分才能赢得这一局的胜利。

规则 12 先取得六局胜利的选手赢得一盘，除非出现以下情况：

> 双方各赢五局时，则为平局（games-all）[9]，一名选手赢得下一局计为该选手局占先（advantage-game）。如果该名选手又赢得一局，就赢得了这一盘。但是如果他输掉了下一局，比分仍计为平局，以此类推，直到有一名选手在平局后连续赢得两局，则该选手赢得这一盘。
>
> 注意，如果选手不同意采取这种方式来决定胜负，可以采用平局决胜局制。

规则 13 每一盘比赛结束后，选手都应交换场地。[10] 连续比赛时，在上一盘最后一局比赛中发球的选手应在下一盘的首局比赛中接发球。

9. 这种措辞经不起时间的考验，更重要的是，这种计分方式也是如此。20 世纪 70 年代以来，除了某些仍然要求终盘以两局胜出的比赛（澳网、法网、温网，以及奥运会和戴维斯杯之类享有盛誉的赛事）之外，当对阵双方的局数 6 : 6 打平后，需要进行抢七：先赢得七分的选手拿下这一盘，当然，选手必须连续赢得两分。

10. 如今，在大多数比赛中，选手在每盘的第一局、第三局和随后的奇数局结束之后，以及抢七局中每得六分之后都会交换场地。

噪声制造者

各类球拍

经历了几个世纪的发展，球拍才在网球运动中流行起来，但是从那以后，这种特殊的拍子也逐渐走进了各类隔网对抗的运动和壁式运动之中。

羽毛球拍
板羽球（battledore）和毽球（shuttlecock）是欧亚大陆上羽毛球的前身。Shuttlecock仍然被用来指用球拍击过网的羽毛球（birdie），原称"battledore"。

网球拍
自16世纪网球诞生之初到20世纪中叶，网球的球拍线都是由牛肠或羊肠制成的——尽管它被称作"catgut"（猫肠）。如今，大多数球拍线都是由便宜的合成材料制成的。

网 球

牵珑球拍

牵珑球（qianball）是中国发明的壁球
与网球的混合运动，只不过两名球员
站在球网同侧，而球连在皮筋上。（可
以在 YouTube 上观看相关视频 —— 这
项运动很酷。）

短柄墙球拍

短柄墙球是基督教青年会发明的另
一项运动，是职业网球和手球运动
员乔·索贝克（Joe Sobek）心血的结
晶。他在 1950 年设计了一款结合了
网球与手球，速度更快的室内运动。

壁球拍

壁球是英国具有传奇色彩的哈罗公学的学
生发明的。这项运动的名字源自其所使用
的易压扁（squashable）的球。壁球比另
一项类似的英国运动拍子球（racquets）
所用的球要软。

Matkot 球拍

Matkot（希伯来语 "球拍"）在以色列和其他海滨文化中极为流行，它是沙滩网球的近亲，多年来也被称为 "kadima"（希伯来语，意为 "前进"）。

板网球拍

为了让附近的孩子们有事可干，曼哈顿一位圣公会牧师在 20 世纪初发明了对场地要求很小的板网球。（当时，曼哈顿几乎没有什么空地，但是屋顶却很多，和现在差不多。）

匹克球拍

20 世纪 60 年代，由于家里的孩子觉得无聊，西雅图地区的三位父亲发明了匹克球。可以说，匹克球就是在羽毛球场上用威浮球打乒乓球。

乒乓球拍

19 世纪，英国人发明了桌上网球（table tennis），当时是有钱人进行的一项安全的餐后消遣。这项运动的名称很多，比如 whiff-waff 和乒乓（ping-pong）——很可能源于比赛时所发出的声音。20 世纪初期，一家英国公司注册了 Ping-Pong 的商标，随后将其在美国的版权卖给了帕克兄弟公司（Parker Brothers），这也是为什么这项运动的专业协会将其称作 "桌上网球" 的原因。

十瓶制保龄球

如果弗林德斯·皮特里（Flinders Petrie）爵士的判断是正确的，那么保龄球可能是世界上现存最古老的非接触类运动。大约 80 年前，这位英国考古学家发掘了一座大约公元前 3200 年的埃及古墓，除了一具男童木乃伊外，皮特里认为他还发现了一只球和一些原始球瓶。虽然在随后的几千年里，保龄球的受欢迎程度肯定有所起落，但是它能够经久不衰也不是什么稀奇的事情。可以说保龄球是一项大众化的运动。顶尖的业余选手与职业选手所使用的球道差别不大，可以想象得到，其他运动的业余选手很难达到保龄球业余选手的竞技水平。

无论在那个埃及男童的墓中发现了什么，许多文化都非常重视打保龄球所需的技能 —— 尤其是将物体尽可能抛或滚到其他物体附近的能力。公元 1 世纪时，罗马军团士兵玩的一种游戏就是用石头砸中其他石头。日耳曼部落 —— 罗马人的征服者之一 —— 热衷于向一堆较小的木棍投掷一种名为"凯格尔"（Kegel）的棍子。几个世纪后，后来成为圣波尼法爵（Saint Boniface）的温法利认识到这种无处不在的游戏是进一步推进其宗教目标的一种手段：让那些被误导的日耳曼人皈依基督教。他巧妙地将木棍作为"魔鬼"（Heiden），为这一消遣活动注入了令人印象深刻的（即使不可信的）道德寓意：如果一个人能够击倒木棍，就说明他的灵魂十分纯洁。

中世纪的时候，一种不带宗教色彩的类似游戏吸引了英国贵族的注意。这个游戏要求通过抛球或滚球的方式击倒一组球瓶。为了使士兵能够集中精力履行职责，国王爱德华三世不得不在 1366 年取缔了这项游戏，这不是保龄球最后一次遭到禁止。

包括那些德国"凯格尔玩家"在内的欧洲殖民者在开拓新大陆的时候也带去了这项休闲活动。殖民时代结束时，一种特别版本——"九瓶制保龄"（ninepins）——已经深入人心。不久之后，美国文学作品中首次出现了保龄球运动的身影：华盛顿·欧文（Washington Irving）用一场九瓶制保龄唤醒了他笔下著名的瞌睡虫瑞普·范·温克尔（Rip Van Winkle）。

人们通常在酒吧和酒馆外玩九瓶制保龄——久而久之就发展出了"保龄球馆"（bowling alley）和"洗沟"（gutter ball）等术语——因此，这项原本很纯洁的游戏逐渐与喝酒、赌博这两件不光彩的事情紧密联系在一起。很快，许多地方因此再次取缔了保龄球。令人震惊的是，这并没有阻止美国人民继续喝酒和赌博，他们很快就找到了一个巧妙而简单的方法来规避法令的限制：增加一只球瓶！（游戏的名字也相应地改为十瓶制保龄球——最初拼写为"ten pin"，现在改成了"tenpin"。）19 世纪末，仅在纽约就有两百多家十瓶制保龄球馆开门营业。

为了给酒鬼、赌徒以及所有喜欢这项游戏的人制定出标准的游戏规则，一位名叫乔·图姆（Joe Thum）的纽约餐馆老板将当地各保龄球俱乐部的代表们聚集到一起。美国保龄球协会（American Bowling Congress，简称 ABC）于 1895 年 9 月 9 日成立，当天成员们达成的共识成了保龄球比赛的规则。

美国保龄球协会
美式十瓶制保龄球规则（1901 年）[1]

只有严格遵守以下规则的美式十瓶制保龄球比赛才能被视为正式比赛。

规则 1　比赛所用的球道（alley）[2] 宽度不得小于 41 英寸，也不得大于 42 英寸。1 号球瓶点中心到犯规线的距离为 60 英尺。犯规线后应有不少于 15 英尺的走道。放瓶点应清晰明确地标示在球道上或嵌入球道内 [3]，放瓶点中心之间相距 12 英寸，放瓶点直径应为 $2\frac{1}{4}$ 英寸。第 7、8、9、10 号瓶放瓶点的中心应位于距离球坑边缘 3 英寸的地方。

规则 2　球瓶应按下图 [4] 所示放置在球道的放瓶点上，球瓶和放瓶点的编号如下。

规则 3　球道两侧应设置边沟，边沟应从犯规线开始，与球道保持平行并延伸至后槽。边沟从与 1 号瓶相对的一点开始逐渐降低，当边沟进入后槽时，应低于球道表面 $3\frac{1}{2}$ 英寸。

---

1. 美国保龄球总会（United States Bowling Congress）成立于 2005 年，由美国保龄球协会与国际女子保龄球协会（Women's International Bowling Congress）合并而成，其规则只能追溯到 1901 年。然而，在 1895 年美国保龄球协会成立后的 6 年里，这项运动的变化不大。
2. 1840 年，第一家室内保龄球馆在纽约建成。
3. 球道通常是由 39 块木板铺成，两端选用的往往是枫木之类的硬木，中段是较软的木材或合成板。
4. 这里提到的图描述的是当今比赛中常见的三角形排列。既然说到这个话题，由体育用品制造商 AMΓ 设计的第一台全自动摆瓶机于 1946 年首次投入使用。在那之前，需要球童手动摆瓶，并将投出的球送回球手手中。

规则 4　边沟的宽度应为 $8\frac{3}{4}$ ～ 9 英寸。从 7 号瓶和 10 号瓶的放瓶点中心分别到距其较近的边沟表面、边隔板或缓冲板的距离应为 12 英寸。

规则 5　后槽深度应不少于 10 英寸，以后槽垫顶部或缓冲板到球道表面的距离为准；后槽宽度应不少于 2½ 英寸，以球道边缘到后部缓冲板表面的距离为准。

规则 6　边隔板与中隔板应高出球道表面 2 英尺，并应从与 1 号瓶放瓶点相对的点延伸到后部缓冲板。这类隔板可以用一层厚度不超过半英寸的皮革包裹，除此之外，不允许覆盖任何其他物体。边隔板面向球道一侧的表面与角落的放瓶点中心的距离应为 12 英寸。

规则 7　后部缓冲板表面的覆盖物应选择深色材料，其结构应能防止球瓶反弹回球道。

规则 8　犯规线应使用深色油漆清楚地标示在球道上，或以深色木头或其他材料嵌入球道内。犯规线宽度不应超过 1 英寸，其中心点与 1 号瓶放瓶点中心的距离应为 60 英尺。在可能的情况下，犯规线应从球道表面延伸至球道两侧的墙面。

规则 9　球瓶的设计和尺寸如下：
高 15 英寸；瓶底直径 2½ 英寸；距瓶底 4½ 英寸处的周长 15 英寸；距瓶底 7¼ 英寸处的周长 11⅝ 英寸；颈部距离瓶底 10 英寸，周长 5¼ 英寸；头部距离瓶底 13½ 英寸，周长 8 英寸。不同部位之间的过渡应平缓，确保球瓶呈现出优美的曲线。

规则 10　球瓶应由硬质的枫木制成[5]，尽可能确保重量分布均匀。球瓶应标明其符合的标准（A、B、C），还可标出制造商的印记。

规则 11　任何球[6]的周长不得超过 27 英寸。比赛用球的周长必须小于 27 英寸。

---

5. 原产于北美洲的枫木（特别是糖枫）是一种特别坚硬、耐用的木材。

6. 球的重量上限为 16 磅，但是没有下限。20 世纪 80 年代推出的现代保龄球由聚氨酯制成，但是 20 世纪以前，标准的保龄球是硬木球，随后演变为橡胶球（直到 20 世纪 70 年代）和后来的塑料球。

比赛

规则 12 在所有团体赛中，每队球手的人数应相等，应在比赛开始前至少 15 分钟全员出场。比赛开始前，队长应在计分册上写下所有球手的名字。比赛开始后，不得更改录入的球手轮换顺序。比赛开始后至其所在队伍开始第九计分格比赛之前，队长可用替补球手替换任何正式球手，前提是替换下场的球手没有在上一球全倒或补中。被替换下场的球手不得再次参加本场比赛。

规则 13 所有比赛均应在两条紧邻的球道上进行。参赛队球手应按正常顺序在一条球道上投完一格球之后，用另一条球道投下一格球，如此连续交替，直至比赛结束。

规则 14 球出手时，球手脚上[7]的任何部位不得触及球道，不得触及、压上和越过犯规线。在送出的球触及球瓶前，球手不得用身体的任何部位接触犯规线后的球道。在违反本规则的情况下送出的球为犯规球，由裁判立即宣布此球犯规。

---

7. 脚上穿的当然是保龄球鞋了。为什么呢？室内专用鞋可以确保不会有人将室外的泥土带到球道上，而光滑的球道和容易打滑的鞋底则促使人们开始采用滑步的方法。有了室内球馆后保龄球鞋才诞生，差不多在 19 世纪 80 年代。

规则 15 犯规球的成绩无效，任何被击倒或发生移动的球瓶应立即摆回原位。犯规球计 0 分。

规则 16 如果球在到达球瓶前脱离球道或者从后部缓冲板反弹回来，而击倒球瓶或移动球瓶，被击倒的球瓶不予计分，并立即重新摆瓶。

规则 17 除非被裁判宣布为死球，否则球手送出的所有球都应计入该球手的得分。

规则 18 除被合法送出的球击倒或移动外，因其他任何原因被击倒或移动的球瓶均应重新摆放。

规则 19 比赛中球瓶被从边隔板和后部缓冲板反弹回来的球瓶击倒得分有效。

规则 20　如果球手不小心在错误的球道上投球，或没有按照正确的顺序投球，或在比赛中受到其他球手或观众的干扰，或球手投出的球未到达球瓶之前球瓶因任何原因移动或倒下，或投出的球碰到球道上的任何外来障碍物，则裁判应立即宣布该球为死球，且不计入得分，在消除造成死球的因素后，球手应立即重新投球。

规则 21　被合法投球击倒后倒在球道或边沟中的球瓶称为"死瓶"（dead wood），应在下一次投球前移除。

规则 22　如果因移除死瓶碰倒残瓶，应立即重新摆放被碰倒的残瓶。

规则 23　如果球瓶在比赛过程中损坏，应立即更换与正在使用的球瓶尽可能一致的球瓶。只能由裁判决定是否更换球瓶。

规则 24　比赛中使用的被所有者标记的保龄球属于私人物品，除非其所有者同意，否则其他参赛球手不得使用。

规则 25　如果没有全倒，球手可以在前九格的每一格投两次球。第十格如果投出全倒，会有另外两次投球机会；如果投出补中，会有另外一次投球机会。在这两种情况下，该格应在第一次全倒或补中的球道上完成。

规则 26　球手在任何一格中第一次投球便击倒全部球瓶，即为全倒[8]，在计分表该格右上角用符号 × 表示，全倒的得分是 10 分加上下两次投球击倒的球瓶数。[9]

---

8. 经科学证明，特定的投球速度可以使全倒的机会最大化：撞击时的速度为 17 英里 / 小时。

9. 想象一下，一个保龄球手在第一格第一次投球全倒，随后在第二格第一次投球击倒 5 个球瓶，第二次投球又击倒 2 个球瓶，那么他在前两格的总分是 24 分：第一格 17 分（全倒 10 分，加第二格 7 分），加 7 分（第二格两次投球总分）。

规则 27　选手在任何一格的第二次投球击倒剩余的全部球瓶时，即为补中。在计分表该格右上角用符号 \ 表示。补中的得分是 10 分加上下一次投球击倒的球瓶数。[10]

运动起源

规则 28 如果球手未能全倒或补中，即为失误（break）[11]。在这种情况下，该格的得分为球手击倒的球瓶数。

---

10. 与全倒的算法相同，但是下一格的加分减半。所以，想象一下：一个保龄球手在第一格第二次投球补中，随后在第二格第一次投球击倒 4 个球瓶，第二次投球又击倒 4 个球瓶。那么，他在前两格的总分是 22 分：第一格 14 分（全中 10 分加上第二格第一次投球 4 分），加 8 分（第二格两次投球总分）。

11. 现在称作"open frame"。

规则 29 如果第十格结束时出现平分，应立即加赛一格，如此继续，直到偶数格结束时，其中一队击倒的球瓶数比对手多，比赛终止。

规则 30 在所有争夺胜负的比赛中，双方队长应选出一名裁判，其职责是执行比赛的所有规则。他应是场上唯一的裁判，决定所有的投球，并立即对比赛中的所有问题和得分做出裁决。他应立即宣布违反规则的投球犯规，并清晰地说出决定。每场比赛结束时，他应宣布胜者，并在计分表上签字。

规则 31 裁判一经选定，除因病或经双方队长同意外，不得在比赛中更换裁判。

规则 32 裁判不得无故拖延比赛进程。如果参赛球手或球队在裁判发出指令 5 分钟后依然拒绝进行比赛，裁判应宣布该队弃赛。

规则 33 除裁判对规则存在明显误解外，不得对裁判的决定提出申诉。

规则 34 双方队长应各选出一名记分员，他们应正确记录本场比赛的得分，并于比赛结束后在计分表上签字。经记分员和裁判签字后的分数即为正式得分。除非是由于记分员不称职、生病，或是经双方队长同意，比赛进行过程中不得更换记分员。

规则 35 裁判和记分员不应与比赛结果存在利害关系，不得直接或间接与任何对比赛的赌博和投注存在利害关系，一旦在比赛过程中发现裁判或记分员与比赛存在利害关系，他将被立即撤换。[12] 如果被撤换的裁判或记分员在任何一位队长的要求下拒绝退场，则球队有充分的理由对其所参加的比赛提出抗议。

规则 36　如果任何俱乐部成员，或协会下属的球队、俱乐部，或协会直接或间接地在比赛中对球道、球瓶、球做手脚，或通过任何不公平的手段获得任何优势，一经证实，将被永远取消参加任何比赛和锦标赛的资格，而其获得或试图获得不公平优势的这场比赛，将由裁判宣布其对手获胜。

---

12. 值得注意的是，保龄球是最早解决官员可能因博彩利益而影响比赛结果这一问题的运动。毫无疑问，这反映了保龄球早期不太美好的那段历史。

规则 37　如果球队未能按照约定的比赛日程参赛，除非这种情况是由不可抗力导致的，或者是管理此类情况的规则所规定的适用于该比赛的事先推迟，否则该队应丧失比赛资格，并接受联赛、协会或锦标赛管理委员会的调查，除非可以为这种缺席行为找到令人满意的理由，否则缺席的球队、球手或整个俱乐部应被该联赛、协会或锦标赛开除。

规则 38　当俱乐部或球队被开除时，它在该锦标赛中的所有比赛都被视为无效，并且不计入其参加过的赛事。

规则 39　当按照规则某支球队被罚丧失一场或多场比赛资格时，无过错的球队应按其正常的比赛日程进行比赛，就像比赛如期举行一样，而且该场比赛的得分与平均分应被记录并计入该队成绩。

规则 40　当一名保龄球手因未缴纳会费或因有损比赛最佳利益的行为而被停赛或开除俱乐部时，应被取消比赛资格并禁止参加任何俱乐部、球队、联赛、锦标赛。如果任何上述组织在收到其被取消比赛资格的书面通知后仍派其上场，该名球手参加的所有比赛均计为其所在球队放弃比赛，经管理委员会投票后，该组织的会员资格可被暂停。

规则 41　根据规则 12，被替换下场的球手和替补球手的得分与平均分的计算方法应由该球手所在组织的规则决定。

充满回忆的球道

值得一提的各色保龄球

由于保龄球既是一项全球性运动，也是一项超本地化运动，因此立在球道尽头等待被击倒的球瓶可谓五花八门。

鸭柱球（duckpin）

一些东海岸的保龄球手打算让全世界看到，鸭柱球才是"真正的"保龄球，它比常规的保龄球更具挑战性。他们自豪的原因是，与垒球大小相仿的球（没有指孔）和比十瓶制保龄球更小、更轻、底部更宽的球瓶。鸭柱球是 20 世纪初巴尔的摩人为了寻找与他们所用的小球相匹配的球瓶而发明的一种十瓶制保龄球的衍生物。他们的球馆经理威尔伯特·罗宾逊（Wilbert Robinson）与约翰·麦格劳（John McGraw）都是棒球巨星，热衷于猎鸭。二人看到这些小巧的球瓶（高 9.4 英寸，重 3 磅 12 盎司）被击倒时，其中一位指出，这一幕就像是"一群拍着翅膀的鸭子"——鸭柱球便因此得名。

直瓶制保龄球（candlepin）

直瓶制保龄球是在十瓶制保龄球标准化之前发展起来的，也被认为是更具挑战性的一种版本。自 19 世纪 80 年代推出以来，还没有人打出过满分。（满分为 300，历史上的最高分是 245，这个分数只出现过两次。）导致这一现象的罪魁祸首是它的球瓶：一个两端逐渐变细的圆柱体（高 15.75 英寸，重 2 磅 8 盎司），很难击中。没有指孔的球是其难以获得高分的另一个原因：它的重量与一个球瓶相当，是北美各种保龄球中最小的（直瓶制保龄球在加拿大东部和新英格兰地区最受欢迎）。而且这一版本的保龄球提供了额外的机会：每格可以投三次球。

十瓶制保龄球

五瓶制保龄球（five-pin）

加拿大人玩的五瓶制保龄球和十瓶制保龄球之间的关系与威浮球和棒球之间的关系一样（但这仍然无法解释 five-pin 里的连字符是从哪里来的）。五瓶制保龄球用的是又小又轻的橡胶球，球瓶的大小也是常规十瓶制球瓶的 75%，因此不会让人觉得太过"繁重"。虽然对于球手的体力要求不高，但是他们必须具备分析得分策略的敏锐头脑。五瓶制保龄球的计分系统十分复杂：五个球瓶排列成 V 字形，位置不同，球瓶的分值也不同。

九瓶制保龄球

虽然九瓶制保龄球因败坏道德在 19 世纪被美国政府禁止，但这项运动并不是特别邪恶。比赛规则颇有讲究。保龄球手瞄准排列成钻石形状的八只小球瓶（高 16 英寸，重 3.9～4.1 磅）——有时用金属丝连接到上方的架子上——希望能够避开中间的第九瓶。

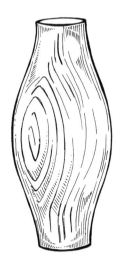

九柱戏（skittle pins）

九柱戏是大多数保龄球变体的鼻祖，其历史可以追溯到古埃及时期。现代九柱戏则起源于中世纪的欧洲草地滚球。尽管欧洲各地的规则各不相同，但大多数球瓶都高 10 英寸左右，瓶身形状与十瓶制保龄球相同。虽然在美国已难觅其踪影，但它仍然是一项广受欢迎的休闲运动。

十瓶制保龄球（tenpin）

美国大约有四千家保龄球馆，除一百家左右外，其余都是十瓶制球馆（剩下的球馆主要是直瓶制保龄球、鸭杆球，或者两者兼而有之）。标准的球瓶（高 15 英寸，重 3 磅 6 盎司～3 磅 10 盎司）由木头或塑料制成，其质量是根据物理规律决定的 —— 球瓶的重量应为保龄球重量的 24%，这样球瓶更易被击倒，但也不至于太过容易。

十瓶制保龄球

极限飞盘

    许多日常用品往往摇身一变，成为体育运动中所使用的各种器材：前一刻还是牧羊人的手杖，后一刻就成了高尔夫球杆；昨天还是梭镖，今天就成了标枪；周五还是栅门，周六就成了板球的三柱门。但至少有一种体育器材的演变过程较为缓慢，它在普通器具与真正的体育器材之间徘徊了25年。与许多伟大的转变一样，这次的转变同样源自甜点。

    1937年的一个晴天，17岁的沃尔特·弗雷德里克·莫里森（Walter Frederick Morrison）与女友露西尔·内伊（Lucile Nay）在洛杉矶的海滩上来回抛掷一只馅饼烤盘。与他们之前一直用的爆米花罐的盖子比起来，这只5美分的烤盘飞行得更加顺畅。没过多久，另一个晒太阳的人走过来，表示愿意以25美分的价格买下这个烤盘改造成的玩具。年轻的莫里森很精明，立刻看到了其中400%的利润。在经历了几番波折和世界大战的影响之后，商业化的飞盘诞生了。

    莫里森这位天生的企业家与发明家一直在努力改进飞盘的设计与结构。他利用20世纪40年代末美国人对UFO的痴迷，推出了一种名为"飞碟"（Flyin-Saucer）的塑料飞盘，以及后来的"冥王星浅盘"（Pluto Platter）。这显然是一款娱乐产品，是年轻情侣与其他无所事事的人的可爱玩具。那时，已经结婚的弗雷德与露西尔会在周末赶往各个集市演示和推销产品。20年来，他们一直在努力推销"冥王星浅盘"，但最后还是在1957年将自己的发明卖给了南加州玩具制造商

Wham-O 公司。在短短几个月的时间里，Wham-O 公司的高管将这款产品重新命名为"Frisbee"，这很可能是为了向康涅狄格州布里奇波特的弗里斯比馅饼公司致敬。由于东海岸的大学生们很喜欢抛掷这家公司的金属馅饼盒，"frisbie-ing"一词甚至成了当地的方言。更重要的是，Wham-O 进一步改进了飞盘的形状，使其更易于准确投掷，并于 20 世纪 60 年代初开始将掷飞盘作为一项新的运动加以推广。这一次的品牌重塑活动，还包括推出"职业级"飞盘，有力拉动了销售。就算早期各种飞盘运动的推广多以失败告终，至少有一件事直接导致了今天人们对待飞盘比赛的认真态度——这项运动已经成为一项国际赛事，并且将可能成为奥运会比赛项目。至于这一切是怎样发生的，那又是另一个故事了。

1967~1968 学年的某个时刻，在新泽西州梅普尔伍德的哥伦比亚高中，一个叫乔尔·西尔弗（Joel Silver）的学生向朋友们介绍了他在去年的夏令营学到的游戏，"飞盘橄榄球"（Frisbee Football）。西尔弗后来成为好莱坞知名制片人（《致命武器》《黑客帝国》等都是他的作品），在当时他就是一个行动派。他说服学生会组建了一支队伍，并组织了一场学生会对校报社的比赛（校报社队获胜）。西尔弗的朋友巴兹·赫尔林（Buzzy Hellring）所编写的最早的飞盘规则以橄榄球为基础，包括达阵得分、争盘线、带盘跑动等。这群高中球员们不断完善这项土生土长的运动，两支队伍的人数也逐渐壮大到了几十人。赫尔林、西尔弗与他们的朋友约翰尼·海因斯（Jonny Hines）在 1970 年"出版"了一套修订的规则，最主要的变化是缩减了选手的人数，禁止带盘跑动，从总体上使这项运动更接近曲棍球或足球。当时，哥伦比亚高中已经开始与其他学校比赛这项他们称之为极限飞盘（Ultimate Frisbee）的运动。在不到一年的时间里，几所新泽西州的高中成立了极限飞盘会。极限飞盘的爱好者将这项运动带到了大学，5 年后耶鲁大学举办了第一届大学锦标赛，吸引了 8 支队伍参赛。

没过多久，极限飞盘就开始在美国国内与国际上流行起来。如今，根据美国极限飞盘运动管理机构美国极限飞盘会（USA Ultimate）的估计，全世界约有 700 万人参加了这项运动。这一切都要归功于两位高中生，虽然他们之间相隔了 30 年和整个北美大陆，但却因为对极限飞盘体验的共同热爱连接在一起。

哥伦比亚高中
极限飞盘官方规则（1970 年）

极限飞盘[1]是一项快节奏的竞技性飞盘运动，由两支规模相等的队伍比赛，每队 5～10 名队员。[2]

---

1. 尽管"Frisbee"是所有塑料飞盘的通称，但它实际上是 Wham-O 公司的商标，也就是说只有 Wham-O 公司的产品才能冠以这个名字。同样，极限飞盘的玩家往往将其简称为"Ultimate"。
2. 如今，正规比赛往往采用的是七人制。

---------------- 器材 ----------------

只需要一个任何尺寸的飞盘，不过建议使用 Wham-O 公司的大师锦标赛款（master tournament model）。只要不危及他人安全，队员可以佩戴包括帽子、头盔、手套在内的任何辅助用具。例如，允许穿防滑鞋，但不允许穿带锋利的防滑钉的鞋子。任何队员均不得携带任何类型的球杆、球棒、球拍。

---------------- 场地 ----------------

赛场的地面没有任何限制，草地、沥青、沙地、雪地、体育馆的木地板均可。两条得分线必须平行，相距 40～60 码[3]，具体视参赛人数而定。极限飞盘的场地不设边线[4]，不过最好选择有小山、河流、墙体等自然边界的场地。

---

3. 正规比赛场地的两条得分线相距 70 码。得分线后方 20～25 码的区域为得分区。
4. 不设边线的做法会导致比赛太过混乱，因此注定不会长久。目前，比赛场地的宽度是 40 码。

官员

可由一位或多位裁判主持比赛。如果设有裁判，他们的裁决就是最终决定。如果不设裁判，那么两队在比赛中需要自动遵守规则，通过掷币等方法解决争端。

目的

比赛的目的是进入得分区得分。比赛时长可由两队商议决定，通常标准比赛时长为 60 分钟。比赛结束时得分最高的球队获胜。[5] 如果在规定的比赛时间结束时双方得分相同，则为平局，除非双方均同意延长比赛时间。[6] 另一种方法是设定目标分数，当某队的得分率先达到目标时，比赛结束。[7] 如果某支球队认输，也视作比赛结束。

当场上的一名队员成功将飞盘传给站在对方得分线后的同队队员，则得一分。

---

5. 设定目标分数的做法比设定比赛时长更为常见，目标分数通常是 15 分或 17 分。

6. 对于当今注重比赛结果的文化来说，这种做法有点儿太悠闲了。

7. 啊，这就好多了。正如此处建议的那样，人们通常要在比赛中分出胜负。

发盘

比赛由"发盘"（throw-off）开始。[8] 双方队长通过掷币来决定掷盘或接盘，另一方选择防守的得分区。发盘时，所有队员都必须站在自己的得分线上。由发盘队的队长指定一名队员将飞盘掷向对方得分区。一旦飞盘掷出，所有队员都可以在场内自由移动。接盘队队员碰触飞盘前，掷盘队队员不得触摸飞盘。接盘队队员有两种选择：接住飞盘或在不触碰飞盘的情况下任其落在地上。如果接盘队队员成功接住飞盘，则该队员在飞盘被接住的地方拥有持盘权。如果飞盘直接落在地上，则接盘队队员在飞盘落地停止的地方拥有持盘权。如果接盘队的任何队员试图接住飞盘但未能成功而飞盘掉落，或者飞盘在触到接盘队队员的身体或衣服的任何部分后落地，则由掷盘队在飞盘落地停止的地方拥有持盘权。* 发盘后，不论哪支球队拥有持盘权，比赛均继续进行。

* 如果飞盘在上述最后一种情况下落在得分区，掷盘队必须将飞盘带至得分线处。

---

8. 发盘现在被称为"pull"，哪一队发盘也不总是通过掷币来决定。事实上，美国极限飞盘会的官方规则并未明确规定如何决定。

─────────── 比赛 ───────────

拥有持盘权的一方必须将飞盘移动到前场，以便将飞盘传过得分线得分。飞盘只有一种移动方式：抛掷。比赛期间，不允许持盘者拿着飞盘行走、奔跑或移动，否则应立即将持盘权交给对方。选手可以用单手或双手，以任何方式抛掷飞盘。如果飞盘触及地面、树木、墙壁或除选手的身体和衣服以外的任何物体，则持盘权交给对方。如果飞盘碰触到裁判的身体或衣服，裁判可以决定哪一队拥有持盘权。当持盘权属于两队中的一队而不是某一队员时，该队队长可以指定包括他自己在内的任何队员获得持盘权。不允许将飞盘直接递给同队队员。持盘队员传盘时，飞盘必须在空中自由飞行一段时间，且未接触任何固体。同样，不允许从对方队员手中抢夺飞盘或是击落其手中的飞盘。

没有持盘权的一方队员可以通过以下三种方式获得持盘权：

（a）接住对方队员投掷的飞盘，并在接住飞盘的地方立即获得持盘权。

（b）可以在飞盘飞行过程中用手或身体任何部位击打飞盘使其落地，在飞盘落地停止的地方获得持盘权。

（c）对方队员投掷飞盘后，其他对方队员未成功接住飞盘时，在飞盘落地停止的地方获得持盘权，除非本方队员试图接住飞盘但是未能成功。如果没有持盘权的一方队员试图接住飞行中的飞盘但未能成功，而其身体或衣服的任何部位触碰了飞盘，投掷飞盘的一方依然在飞盘落下停止的地方拥有持盘权。如果对队员到底是试图接住飞盘但未能成功，还是仅仅阻挡进攻而不是试图接住飞盘这一问题存有争议，必须由裁判进行判定，或者在没有裁判的情况下由自判决定。

虽然任何队员都不带盘跑动，但是持盘队员可以像打篮球一样，以脚为轴心旋转。同样，和篮球比赛一样[9]，对方的任何队员都可以"防守"持盘的队员，并试图阻止其投掷（但他不能将飞盘从对方手中击落）。防守队员不得碰触他所防守的队员的身体或衣服，也不得在对方将飞盘掷出前抓住飞盘。如果他这样做了，投掷飞盘的队员可以从同一地点再次投掷飞盘。

9. 极限飞盘在很多方面与篮球和足球相似。但是它在一个方面超越了这两者：每年售出的飞盘数量比篮球、足球、棒球的总和还要多。

得分区

当持盘权从一队转移到另一队，并且在转移过程中飞盘越过了任何一条得分线时，得到持盘权的一方可以选择从得分线开始比赛，也可以将飞盘带至比赛场地正中开始比赛。

得分

只有在一支队伍得分以后，该回合才算结束。得分后，得分队立即在裁判或接盘队队长的示意下发盘。每次得分后，两支队伍交换防守得分区。只有在对方的得分区合法接住飞盘一种得分方式。

犯规

任何队员不得为了获得持盘权、阻止掷盘或接盘而攻击其他队员的身体。当两名或两名以上的队员同时跳起争抢过顶的飞盘时，应该预见到相互之间会有一定的身体接触。无论何时，当队员因用身体的任何部位撞击对方队员的身体而犯规时，被犯规队员的队伍可以选择停止比赛，或在犯规发生的地点获得持盘权。是否犯规由裁判 10 或自判决定。

除犯规外，只能在裁判或两队队长同意的情况下才能停止比赛。

---

10. 虽然整个规则中多次提及裁判，但是今天的规则中甚至没有裁判。极限飞盘是仅存的"绅士运动"，想必没有任何玩家会滥用比赛规则。选手应自判犯规。

场地规则

发盘前，两队队长可以商定任何额外的场地规则 11，以使极限飞盘的规则能够适用于比赛场地的实际情况。

11. 在友谊赛中，只要双方队长意见一致，几乎所有规则都能更改。从 2001 年开始，最负盛名的极限飞盘比赛是每四年举办一次的世界运动会上的比赛。

关于队伍规模的说明

尽管极限飞盘的发起者哥伦比亚高中校队建议每队最好有 7 名队员，但是如果场地够大，每队也可以由 20 ～ 30 组成。当然，比赛需要的技巧会随着人数的增加而减少。

单手极限飞盘

随着对极限飞盘的熟练程度不断增加，可以尝试单手版比赛。在这一版本中，队员只能用一只手接飞盘。[12] 如果使用双手或者躯干以任何方式接飞盘，则对方将获得持盘权。该限制适用于两支队伍，但防守队员仍可使用双手或身体的任何部位击落飞行中的飞盘。

---

12. 单手极限飞盘从未真正流行起来，但是其他版本的情况要更好一些。事实上，Wham-O 公司在努力推广飞盘的过程中，发明或推广了勇气赛（guts）、双飞盘（double disc court）、自由花式（freestyle）等"运动"项目。今天，还有人玩一种叫"隔热箱"（hot box）的半场极限飞盘，而飞盘橄榄球本质上就是允许带盘跑动的极限飞盘。

飞行的部件

非球类投掷运动器材

几乎所有用以投掷、拍打、踢、接的运动器材都是某种球体，但也有例外。

箭

《危险边缘》（*Jeopardy!*）的冠军都知道，英语中特指制箭者的词是"fletcher"。这是因为制箭过程中最困难的部分是对齐箭身后面的两片羽毛，以保证箭能够稳定飞行。随着箭羽的发明，箭从不可靠的战争和狩猎武器发展成高效的杀戮机器。很久以后，射箭才从军事活动演变为一项成熟的运动。

羽毛球

高品质的羽毛球由一个圆形的软木球托以及环绕球托固定的一圈鸭或鹅的羽毛组成。人们更为熟悉的普通"羽毛球"（shuttles）也会使用尼龙或塑料材质来制作球裙。shuttlecock 一词由 shuttle 和 cock 两部分组成。一般认为前者指的是比赛中羽毛球来回飞行的状态（shuttling）；后者则因其形似小公鸡（cockerel）身上的羽毛而得名。通常，一只羽毛球由 16 根羽毛组成。

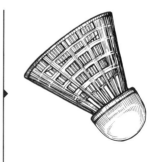

掷木杆（caber toss）

数百年来，掷木杆一直是苏格兰高地运动会的重要组成部分，也是一项展现力量与准确性的技艺。通常认为，这项运动起源于现实生活，人们需要将圆木扔到河对岸。参赛选手握住锥形圆木的窄端，朝正前方投掷，使其完全翻转：投得越准，得分越高。典型的木杆由落叶松制成，长度不到 20 英尺，重约 175 磅。

运动起源

冰壶

冰壶由花岗岩制成。尽管花岗岩几乎无处不在，但差不多所有的冰壶都是从位于苏格兰西海岸的小岛艾尔萨岩（Ailsa Craig）上开采的花岗岩制成的。岛上的火山喷发物究竟有何特别之处？这种由"Common Green"与"Blue Hone"花岗岩混合而成的黑色点状材质受到严肃冰壶选手的推崇，因为它经久耐用且易于成型。

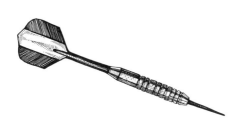

飞镖

早期的镖靶由树木的横截面制成，而早期的飞镖则是锯掉的箭头。在许多文化中，人们会在没有空间和时间扯弓搭箭的近身距离作战中使用飞镖。士兵会在闲时练习投掷飞镖，一项酒吧运动（也是职业运动）便由此诞生。

铁饼

早在公元前 8 世纪，古希腊运动员就开始比赛掷铁饼。人们认为这项运动起源于史前时期的投石比赛。（顺便说一下，石头越扁，空气动力特性越好。）

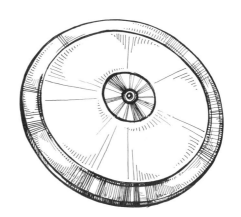

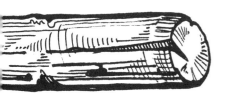

极限飞盘

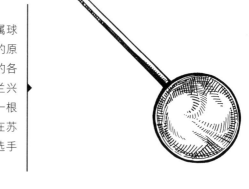

链球

为什么与一段金属线连接在一起的金属球要称作"hammer"（锤子）？最有可能的原因是在这项运动兴起的时候——链球的各种变体早已在爱尔兰、苏格兰和英格兰兴盛了千余年——人们所使用的链球是一根木棍固定在一块大石头上。事实上，在苏格兰各地定期举行的高地运动会上，选手们使用的依然是这种古老的锤子。

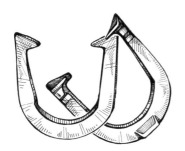

掷马蹄铁

是先有掷马蹄铁游戏，还是先有古老的掷环套桩游戏（quoits）？无论谁先出现，早在罗马帝国时代，士兵们就已经开始比赛谁能将废弃的马蹄铁扔到距离铁柱最近的地方，而这至今仍然是这项运动的精髓（除了罗马不再统治世界）。

冰球

现代冰球由硫化橡胶制成，职业比赛用球需要事先经过冷冻，但是早期冰球用的是冷冻牛粪。19 世纪下半叶，冰球运动转移到室内之后，橡胶球逐渐流行起来。最早的橡胶球是将棍网球锯成三段后取其中段制成的。

运动起源

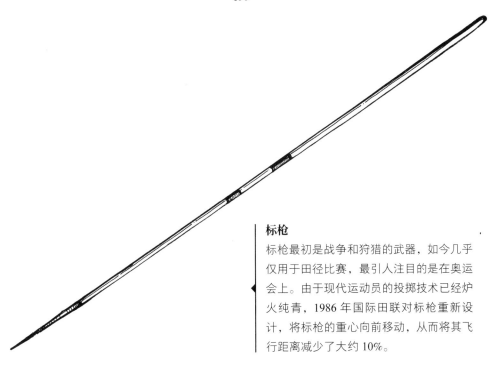

标枪

标枪最初是战争和狩猎的武器，如今几乎仅用于田径比赛，最引人注目的是在奥运会上。由于现代运动员的投掷技术已经炉火纯青，1986 年国际田联对标枪重新设计，将标枪的重心向前移动，从而将其飞行距离减少了大约 10%。

沙狐球（shuffleboard disc）

尽管已知 16 世纪的英格兰已经开始玩沙狐球了，关于沙狐球的起源还是没有定论。亨利八世的账本中记载了他因 "shovillaborde" 比赛失利而向一位贵族支付欠款的记录。现代的球盘，有时也被称为码（weight）、盘（puck）或饼（biscuit），由塑料和金属（通常是铬或铝）制成。

极限飞盘

飞盘（Frisbee）是通用商标（genericized trademark 或 proprietary eponym）的一个例子。也就是说，与舒洁（Kleenex）、邦迪（Band-Aid）、Jacuzzi（按摩浴缸），以及许多其他产品一样，其商标名称已经代表了其产品类别。

极限飞盘

排　球

　　快速问答：在美国，哪项运动更受欢迎，篮球还是排球？大多数人会认为是篮球。如果以营收和媒体覆盖率作为衡量标准，那么这个答案显然是正确的。但就其普及程度而言，这个答案可就大错特错了。排球比篮球受欢迎得多，可以说将它远远甩在身后。今天，超过 4600 万美国人经常打排球，比打篮球的人多了2000 万。

　　需要解释一下，这种比较并不是随机的。这两种硬地球场运动有着相同的渊源。排球与篮球一样，拥有一个多世纪的历史。19 世纪 90 年代，在马萨诸塞州西部相距 8 英里的两个基督教青年会里，两个人相继发明了这两项运动，前后不到 5 年的时间。1892 年，威廉·G. 摩根（William G. Morgan）与篮球之父詹姆斯·奈史密斯在斯普林菲尔德的基督教青年会国际培训学校（今天的斯普林菲尔德学院）相遇。毕业后，摩根成为霍利奥克基督教青年会的体育教育主任。摩根需要为商人们发明一种身体接触比篮球还要少的运动。他将手球、网球、羽毛球、篮球的元素结合在一起。在距离地面 6½ 英尺高的地方挂了一张网球球网，把 25 英尺宽、50 英尺长的室内球场分成两半。他很快就制定好了规则。接下来只要给这项混合运动起个名字就行了。于是，便有了"mintonette"（意为小网子）这个名字。

　　等一下，为什么是 mintonette？这个名字体现了这项运动与它的一个前身羽毛球之间的联系。不过，即便是在当时，这个名字听起来也不怎么响亮。在早期某次示范比赛的过程中，摩根在基督教青年会的一位同事观察到，球员们似乎在来回凌空击球（volleying），于是便恭敬地建议采用"volleyball"这个名字。1896 年 7 月 7 日，这项刚刚改名的运动在斯普林菲尔德首次亮相，并且从亮相的第一天起便大受欢迎。通过基督教青年会的网络，排球传遍了整个新英格兰地区，随后传入美国其他城市和加拿大，再到南半球和远东地区。1916 年，菲律宾球员开创了"二传和扣球"（set and spike）的攻击技术 —— 一名队员传高球，以便第二名队员能够扣球过网 —— 第二次的击球被称作"扣杀"（bamba 或 kill），它很快就成为排球运动的标志性动作。在第一次世界大战接近尾声时，成千上万颗排球被送到欧洲各地的美军及盟友军营，作为官方训练计划的一部分。部队回国时，他们将大部分排球留了下来，于是排球在当地也逐渐流行开来。今天，全世界有超过 8 亿人每周至少打一次排球。接招吧，篮球。

威廉·摩根
排球规则（1896 年）

规则	注释
… 1 … 比赛。每场比赛打九局。[1]	1. 威廉·摩根在发明这项新的运动时借鉴了多种运动，其中，比赛时长就采用了棒球比赛的规则。不过，排球比赛的时长很快就进行了修改。1900 年起，改为最先赢得 21 分的一方赢得一局。此后，获得每局胜利所需的分数一直在变化。现在采用的赛制是一局比赛先得 25 分并至少领先 2 分的球队获胜。
… 2 … 局。如果每队各有一名球员，则双方各发一球；如果每队各有两名球员，则双方各发两球；如果每队球员人数为三人或更多，则双方各发三球。[2] 除非发球方未能击回对方的来球，否则发球队员可继续发球。所有球员轮流发球。	2. 当然，在现在的比赛中，拥有发球权的球队只能有一名球员发球。这么做的理由很好理解：如果该队所有球员都需要发球，那么一场比赛可能会过于漫长。
… 3 … 球场。球场应为 25 英尺宽，50 英尺长，由球网分隔成两个 25 英尺×25 英尺的正方形场区。球网两侧距网 4 英尺处设有一条与网平行的运球线（dribbling line）。界线的标识必须清晰醒目，站在球场的任何位置都能够看得到。 注：球场的具体大小可根据实际场地做出调整。[3]	3. 1912 年，出于标准化而非便利性的考虑，标准球场的尺寸更改为 35 英尺宽，60 英尺长。规则的调整早已使"运球线"——球员可以空中运球（即把球传给自己）的界线——变得无关紧要。在任何情况下，球员都不能将球传给自己。

规则	注释
… 4 … 球网。球网至少应宽 2 英尺，长 27 英尺，并且必须悬挂在边线外至少 1 英尺处的立柱上。球网上沿与地面的距离必须达到 6 英尺 6 英寸。[4]	4. 没过多久，运动管理方就意识到，原来设定的高度不够。随着时间的推移，球网逐渐加高到现在的 8 英尺（女子比赛为 7 英尺 4 英寸）。对于球网的要求也有了明确的规定，包括宽度（3 英尺），材质（30 号棕线制成、方形网眼、网眼直径 4 英寸），绳索（上沿、下沿采用直径¼英寸的绳索）。
… 5 … 球。球应为橡胶球胆覆盖皮革或帆布。[5] 周长不得小于 25 英寸，也不得大于 27 英寸；重量不得小于 9 盎司，也不得大于 12 盎司。	5. 摩根的第一个排球用的是篮球球胆。一年后，斯伯丁公司（曾研发并生产了第一款正规篮球）推出了排球。
… 6 … 发球队员与发球。发球队员必须一脚站在端线上，以手掌击球。与网球比赛相似，每位发球队员有两次发球[6]机会。发球队员可以将球发至对方场区任意位置。发球时，球必须击出至少 10 英尺，不允许运球。如果发球将要触网，但在其触网前，发球方队员将球击入对方场区，则发球有效，但如果球被击出界外，该发球队员将失去第二次发球的机会。	6. 抱歉，没有第二次机会了：如果球触网，但是没有过网或飞出界外，发球队员就失去了发球权。（如果发球触网后落入对方场地，则属于界内球。）现在，队友也不能在发球员发球时助力了。

规则	注释
··· 7 ··· 得分。一方发球后对方接发球失误或未击回界内球，则发球方得 1 分。只有发球方才能得分，发球方失误则该发球队员失去发球权。[7]	7. 直到 1999 年，本规则中所提及的"发球权得分制"——只有拥有发球权的球队才能得分，否则只能获得发球权——才被每球得分制所取代。之所以修改比赛规则，是为了缩短比赛时长，提高比赛的观赏性。
··· 8 ··· 滚网球（net ball）。除发球外，触网的球称作滚网球，等同于回球失败，对方得 1 分。发球触网算一次发球失误。[8]	8. 同样，现在没有重新发球的机会。
··· 9 ··· 压线球（line ball）。压线球指的是击中界线的球，相当于界外球，也按照界外球计分。[9]	9. 如今，压线球因其落点精准而算作得分的好球：球体的任何部分压线即算界内球。
··· 10 ··· 比赛与球员。场上队员人数不限，与场地大小相匹配即可。[10] 每位球员应该能够负责大约 10 英尺×10 英尺的场地。如果球员在比赛中触网，则比赛中断，对方得分。如果球员持球，则比赛中断，对方得分。如果球击中除地板以外的任何物体，并弹回场内，比赛正常进行。[11]	10. 如今，在正式比赛中，球队的人数是固定的：每队 6 人。（每位球员负责多大的场地则由球员和教练自行决定。） 11. 现在并非如此。如果球击中墙壁、观众，或是位于界外的任何物体，均判为界外球。

规则	注释
运球就是在带球过程中始终保持球体弹动。运球时，球员不能越过运球线 [12]，否则比赛中断，对方得分。除队长外，其他队员如果与裁判讲话，或是对裁判或对方球员出言不逊，就有可能被取消比赛资格，并且其所在球队不得派其上场或派替补队员顶替其上场，否则将失去比赛资格。	12. 如规则 3 所述，自 1916 年出台了"禁止任何球员连续两次击球"这一规则之后，已经没有必要再设置"运球线"。4 年后开始实行"四次击球"的限制。

测量赛场
团体运动的场地大小

排球场是最小的比赛场地，最大的联合式橄榄球场相当于 49 个排球场。下面列出的是场地标准尺寸的相对示意图。

（注：一些数据进行了四舍五入，另一些则代表可变场地中的最小或最大尺寸。）

联合式橄榄球场（pitch）472 英尺 × 230 英尺

加拿大式橄榄球场（field）
450 英尺 × 194 英尺

联盟式橄榄球场（pitch）400 英尺 × 224 英尺

极限飞盘场（field）361 英尺 × 121 英尺

班迪球场（rink）360 英尺 × 213 英尺

棍网球场（field）360 英尺 × 197 英尺

NFL 橄榄球场（field）
360 英尺 × 160 英尺

足球场（pitch）345 英尺 × 223 英尺

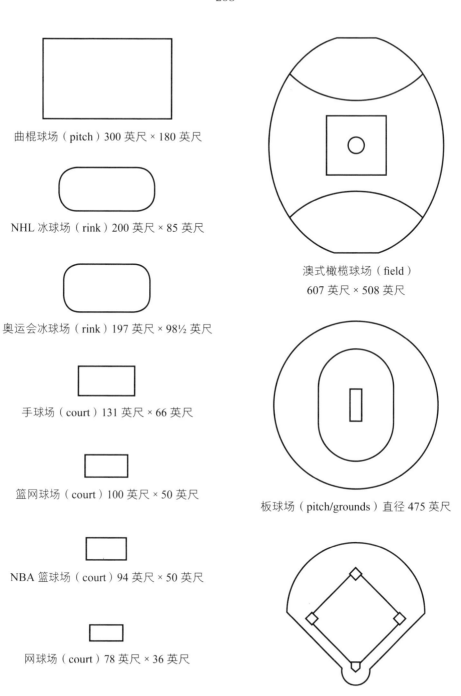

曲棍球场（pitch）300 英尺 × 180 英尺

NHL 冰球场（rink）200 英尺 × 85 英尺

奥运会冰球场（rink）197 英尺 × 98½ 英尺

手球场（court）131 英尺 × 66 英尺

篮网球场（court）100 英尺 × 50 英尺

NBA 篮球场（court）94 英尺 × 50 英尺

网球场（court）78 英尺 × 36 英尺

排球场（court）59 英尺 × 30 英尺

澳式橄榄球场（field）
607 英尺 × 508 英尺

板球场（pitch/grounds）直径 475 英尺

MLB 棒球场（field/diamond）界外线长
度不少于 320 英尺，中外野距离不少
于 400 英尺

运动起源

文字游戏

有关各类运动场地的术语

---

court（各种球类运动） 源自拉丁语"cohort"与"cohors"（分别意为"院子"与"随从"）。显然，court 所指的球场必须是四边形。

diamond（棒球） 从本垒到二垒的内野就像一副传统（法国）扑克牌中的方块。至于为什么要将该花色称作方块（diamond）——法国人口中的"carreaux"（瓷砖）——可就说来话长了。法国"瓷砖"的形状——也许是其尖角——令十五六世纪的英国纸牌玩家想到了钻石（diamond）。

field（各种球类运动） 大多数棍球类运动最初的场地是草地和牧场。

gridiron（美式橄榄球） 源自中古英语"griddle"一词，指烹饪肉类的装置，由两组垂直相交的平行铁杆组成。橄榄球场的边界和码标就模仿了这种形状。

grounds（板球） 早期的板球比赛通常在有特定用途的公地（public commons）上进行，这些场地通常被称作"grounds"。

pitch（板球、英式橄榄球、足球） "pitching the stumps"（支起树桩）是 18 世纪的术语，指的是建立板球场的主要行为：用锤子将三柱门敲进地里。

ring（各种格斗运动） 拳击运动在英格兰发展的早期，观众经常在拳击手身旁围成一圈（有时甚至会抓着一条绳子）。

rink（曲棍球、冰壶） 古代（约 1100～1500 年），苏格兰人使用了一个古法语单词（renc，rank 的词源，意为"行、列、等级"）来描述竞赛场地，很可能是因为参赛者都是军官。

track（各种速度比赛） 源于 15 世纪的法语，表示路标，说明无论如何，大多数比赛都是在一个预先准备好的赛道上举行的。

威浮球

我们在谈论各类比赛的时候，居然还在使用"玩"（play）这个词，这似乎很奇怪。从价值数百万美元的合同、量身定做的训练方案，到国际比赛、全球营销计划，本书所提及的大部分运动早已成为十分严肃的事业，不仅对运动员来说是如此，对他们辛勤奋战的联赛和观看他们比赛的球迷来说也是如此。但是，威浮球 —— 火药味十足的成人联赛 —— 仍然保持着其最初的谦卑本性。

它可能是本书中唯一指导原则与现代体育发展轨迹相反的运动。具体来说，它可以被看作是过去时代的棒球，从体育场中偷走比赛并把它送回后院。

1953 年夏天的一个晚上，12 岁的大卫·马拉尼（David Mullany）与朋友们在他位于康涅狄格州费尔菲尔德的家外胡闹。他们挥舞扫帚，击打别人投出的塑料高尔夫球。他的本垒打水平绝对比不上顶级的职业选手，不过他也没有砸坏邻居家的窗户。马拉尼父亲的名字也是大卫，曾是半职业投手，失业的汽车抛光企业主。他专注地看着儿子一遍又一遍地试图投出带点弧线的球，最终在这个过程中扭伤了自己的肩膀。为了避免小男孩在青春期前就弄断了胳膊，老马拉尼开始研究可以制成更易投出曲球的轻质球的材料。他的儿子和妻子帮助他测试了各种原型，其中有许多是他用刀片雕刻的。（这位前投手很清楚，可以利用球的不完美和不平衡来操纵飞行路线。）没有一颗球符合他的要求。

随后，在改变历史进程的灵光一现中，马拉尼偶然发现了科蒂香水的球形塑料包装。他在球的一边钻了八个孔，随后他投出的球会在飞行中急剧下降。这符合物理规律：当球体一侧的表面积大于另一侧时，该侧在飞行中将承受更大的大气压力。对球体的实际影响就是它被"推向"反方向。就马拉尼的球而言，球会被推向洞所在的方向。就算马拉尼不清楚这种现象背后确切的科学原理，至少他明确知道自己已经找到了苦苦寻觅的东西：威浮球（wiffle ball），这个名字源自棒球的俚语 whiffing（三振出局）。虽然为何会少了一个字母 h 有些令人费解，但很可能只是因为拼写错误。（根据马拉尼家族的传说，这是为了日后他们需要委托别人制作标志时节省开支。）

马拉尼一家在自家汽车的后备厢和附近的一家小餐馆里兜售他们的球，每只 49 美分。建立了自己的公司之后，他们很快与伍尔沃斯零售店达成了一项交易，在他们的店铺中出售这种球，并在包装上标出马拉尼制定的游戏规则。今天，尽管棒球创造了数十亿美元的财富，威浮球的生产商依然是位于康涅狄格州谢尔顿那家马拉尼的仅有 15 名员工的小工厂。

大卫·马拉尼
威浮球规则（1954 年）[1]

球

威浮球是专为男孩和女孩设计的在后院与街道玩耍的球，用以代替棒球、棍球和垒球。它由坚硬的塑料制成，质量轻，无法投掷或击出很远的距离。威浮球也是出色的室内运动。

曲球

威浮球的投掷方式与棒球相同，但是很容易投出曲球。[1] 下图显示了如何握球以便投出曲球及控制球的路线。[2]

1. 没错，但是仅限新球。磨损的旧球会有不同的空气动力特性。事实上，恰当的磨损位置可以让威浮球向反方向转弯。联赛中的投手们就是这样做的，因为没有任何规则禁止球员对威浮球做出改动。
2. 我们没有附上这些图，因为那些握法全都是错误的。这位绘图师并没有说明他在绘图时的模特老大卫·马拉尼是个左撇子。

比赛

如上所述，威浮球是为拥挤的场地而设计的。因为即使球被大力击打也不会飞出很远，不需要追球或是跑垒。如果手边没有威浮球棒，也可以用普通的扫帚柄代替。[3] 场地的大小没有要求，但是建议不小于 20 英尺（8 步）宽，60 英尺（23 步）长。球场设有界线，以及一垒区、二垒区、三垒区和本垒区的标记。

威浮球的最低球员人数是两人 —— 投手和击球手 —— 各为一队。最高球员人数为 10 人 —— 每队各 5 人。10 人比赛时，每队由捕手、投手、二垒野手和本垒野手组成，并且野手不能由一区移动到另一区。但是，只要不超过 10 人，都可以进行威浮球比赛。球员人数超过两人时，选出两名队长，再由他们轮流挑选各自的队员。与棒球相同，威浮球赛也是一队防守，一队进攻。

击球顺序依次为：投手、捕手、二垒野手和本垒野手。[4] 比赛规则与棒球类似。3 人出局则半局结束，攻守互换，一场比赛共设 9 局。如果出现平局，则需要进入加时局。在完整的一局中，双方都必须上场击球。下列三种情况会造成击球手出局：

1. 只有当击球手在两个好球之后，第三个好球挥棒，但未击出擦棒球（foul tip），才会被三振出局。前两次击出的擦棒球算好球。在击球区后接到的擦棒球不算出局。
2. 界内或界外飞球被接杀。
3. 界内滚地球在"滚动"时被接到。不允许触击。击球手无保送。

---

3. 最初的威浮球球棒是木制的。现在的球棒都由黄色塑料制成。
4. 这似乎是另一个经受不住时间考验的随意且古怪的规则。双方可以自行选择击球顺序。

得分

一垒安打标记放置在距离本垒板[5] 约 24 英尺的界线上。如果打到一垒区（即击球区与一垒安打标记之间的区域）的球未被接住，那么算作上一垒。二垒安打标记放置在一垒安打标记后大约 20 英尺的界线上。如果打到二垒区（一垒安打标记与二垒安打标记之间的区域）的球未被接住，那么算作上二垒。三垒安打标记放置在二垒安打标记后 20 英尺的界线上。如果打到三垒区（二垒安打标记与三垒安打标记之间的区域）的球未被接住，则算作上三垒。如果球被击出三垒安打标记之外未被接住，则算作本垒打。[6] 棒球的得分规则也适用于此。当一位击球手击出一垒安打，一名（假想）队友站上一垒。当下一位击球手击出一垒安打，就有两名（假想）队友分别站上一垒和二垒。当第三位击球手击出本垒打，三分。假想的队友站上一垒、二垒，并跑回本垒。击球手击出一垒安打时，队友可以前进（假想的）一垒，击出二垒安打时前进（假想的）二垒，击出三垒安打时前进（假想的）三垒。位于二垒的队员在击球手击出一垒安打、二垒安打、三垒安打时得分。只要击球手将球击出，位于三垒的队友即可得分。

---

5. 在现代的锦标赛场地中，一垒安打标记被放置在距本垒板 42 英尺处的地方，加大了一垒安打的难度；二垒安打标记位于距本垒

板 65 英尺处；三垒安打标记位于距本垒板 95 英尺处。不论是界内球还是界外球，只要球落地，不论落在哪里都算一垒安打。比赛没有跑垒。

6. 根据锦标赛的规则，确实允许在距离中场不超过 125 英尺的地方设立一面高 4 ～ 16 英尺的墙。

击打器材

体育用品

即便忽略各类球拍——参见第 173 页的"噪声制造者"——我们的体育比赛中还存在大量棒、杆、棍，以及其他用来击球、扔球、射球、抛球、篙球、敲球、抽球的工具。

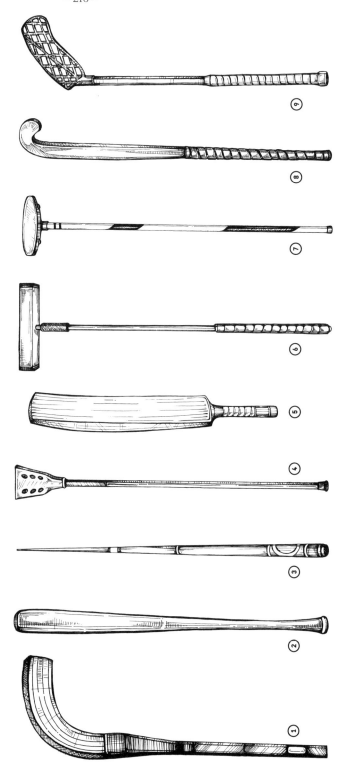

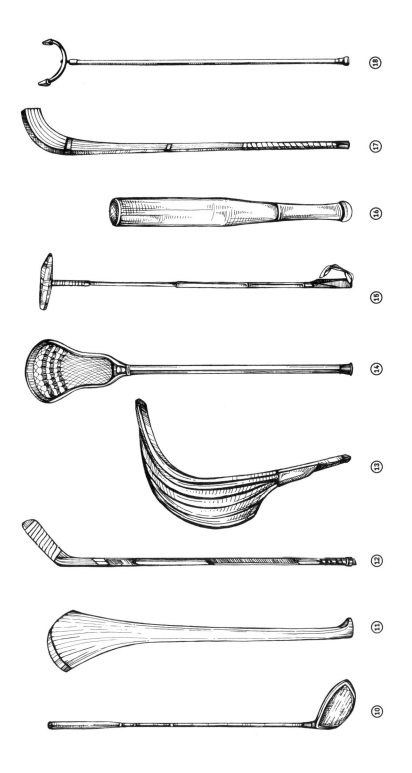

① 班迪球杆 ② 棒球棒 ③ 台球杆 ④ 布鲁姆球帚 ⑤ 板球板 ⑥ 槌球锤 ⑦ 冰壶刷 ⑧ 曲棍球棍 ⑨ 地板球杆
⑩ 高尔夫球杆 ⑪ 板棍球棍 ⑫ 冰球杆 ⑬ 壁网球棒兜 ⑭ 棍网球棍 ⑮ 马球杆 ⑯ 绕圈球棒
⑰（苏格兰）简化曲棍球棍（shinty caman）⑱ 沙弧球杆

威浮球

摔跤

　　几乎可以肯定的是，摔跤是最古老的武术 —— 也许比任何技艺都要早。事实上，这项运动早在人类开始用文字记述生活之前便已出现了：距今 9000 多年前的亚洲洞穴壁画就描绘了一群人围观两名男子摔跤的场景。事实上，摔跤的历史比智人还要古老。我们的近亲 —— 大猩猩、红毛猩猩和黑猩猩 —— 会在毫无伤害意图的情况下，进行"模拟战斗"或是攻击行为（换句话说，也就是运动）。

　　几乎从人类开始为后代记录自己活动的那一刻起，北非、印度、中国和欧洲的人就描述了摔跤的各种形式。4000 多年前，苏美尔人用楔形文字写下了一部寓言式的《吉尔伽美什史诗》，其中就提到了由裁判主持的摔跤比赛，尤其是比赛过程中还有音乐伴奏，这些比赛预示了现代职业摔跤的盛大表演。（让我们达成一项共识：职业摔跤 —— 身穿氨纶摔跤服、扔飞选手、抡起椅子猛击等 —— 不是我们要讨论的主题。）在一块名为贝尼哈桑（Beni Hasan）的埃及墓地，大约在同一时间的墓葬描绘了四百多对正在摔跤的男子，他们所展示的各项技巧仍然在现代自由式摔跤中使用。

　　但古代与摔跤关联最为紧密的还是要数古希腊人。对于他们而言，摔跤不仅是一项运动，而且是一条通往成年的道路 —— 力量训练、艺术表现和意志力的平衡发展。希腊人认为摔跤是自然的，这也许就解释了为什么多数古代摔跤手都赤裸身体。他们泡过橄榄油，而且往往会在身上覆盖一层薄薄的沙子，以保护他们的皮肤免受夏季烈日和冬季严寒的伤害。

摔跤是古代五项中最后，也是最重要的一项比赛，它是古代奥运会中选手唯一能够加冕的项目。希腊人更重视运动员的个人成就而非团队成功，这反映出了他们对英雄主义、勇敢和个人身份的重视程度。（读一读《荷马史诗》就知道了。）对于古希腊人来说，摔跤极为重要，他们留存下来的大多数文化遗迹中都能找到对于它的记录与描述：从诗歌到民事档案等文字作品；从雕塑到陶器等艺术品；从政府大楼到宗教寺庙等建筑。然而那个时期没有完整（甚至不完整）的摔跤规则存世。

古希腊运动的研究者克里斯托弗·米勒（Christopher Miller）撰写了一篇与摔跤有关的学术杰作《降伏格斗与古希腊摔跤的规则》（*Submission Fighting and the Rules of Ancient Greek Wrestling*）。这篇 18000 字的研究论文最初于 2004 年发表在 JudoInfo.com 上，后来被收录在了非营利的教育网站"古代史百科全书"（Ancient History Encyclopedia）中。米勒梳理了数十份原始文献与二次文献，其中包括以其他事件为主题但提到摔跤的作品。这些文献的作者不乏改变世界的名人：阿里斯托芬、亚里士多德、盖伦、荷马、柏拉图、普鲁塔克。通过令人印象深刻的钩沉索隐和理论分析，米勒"发现"了古希腊摔跤的十五条规则。与《运动起源》中的其他规则不同，它们并不是摔跤兴起时撰写的规则，但是它们依然反映了摔跤起源时的状况。

克里斯托弗·米勒复原的
古希腊摔跤规则（约公元前 300 年 / 公元 2004 年）

规则	注释
··· 1 ··· **禁止故意拳打或脚踢。**[1]	1. 今天存在两种形式的摔跤比赛：自由式与古典式。两者目前都是奥运会项目，不过自由式摔跤在美国更为常见。两者都禁止摔跤手"故意拳打或脚踢"对手。至于第三种"摔跤"——职业摔跤，如果不允许拳打脚踢，比赛就毫无意义了。
··· 2 ··· **禁止戳眼睛或咬人，因为即使是潘克拉辛**[2]**也禁止这些动作。**	2. 潘克拉辛是古代搏击中相当野蛮的一种，事实上，戳眼睛与咬人是潘克拉辛唯一禁止的动作。（杀死对手是获胜的一种方式！）潘克拉辛与角斗士运动在公元 400 年左右被废除。
··· 3 ··· **是否允许摔跤手为迫使对手认输而故意撅其手指，应由比赛举办方决定。**	
··· 4 ··· **禁止抓生殖器。**	
··· 5 ··· **允许摔跤手抓握**[3]**对手身体其他部位，迫使其因为疼痛或害怕而认输，这些动作也是比赛的一部分。**	3. 如今，禁止做出下列抓握动作：锁喉、关节技和全尼尔森式坐击（full nelson，摔跤手站在对手身后，将双手从其腋窝下伸出，锁住其双臂，压住其脖子）。

规则	注释
… 6 … 一旦出现犯规行为，裁判应立即鞭笞[4]犯规者，直至其终止该行为。	4. 那是一个与现在截然不同的时代。如今的处罚可能是判给对手一两分，或取消严重犯规者或屡次犯规者的比赛资格。
… 7 … 得到 3 分[5]才能赢得比赛。	5. 现代比赛是计时赛。自由式摔跤分两局，每局 3 分钟。两局分数累加，最终得分高者获胜。
… 8 … 可以通过下列三种方式得到 1 分[6]： （a）对手背部着地。 （b）对手通过拍打或其他方式表明他或她[7]因疼痛或恐惧认输。 （c）对手身体的任何部位接触指定摔跤场之外的地面。	6. 反攻（reversal）——摔跤手设法从防守方转为控制方——也能得到 1 分。在一些团体赛中（高中、大学等），根据其震撼力，单次擒摔（takedown）最高可以拿到 5 分。相反，拖延时间则会被扣分。 7. 似乎在性别平等这个问题上，古希腊人比我们更加开明一点。直到 2004 年，女子自由式摔跤才成为奥运会项目。
… 9 … 得分后，必须给对手时间站起来并稍事休息，以便摔跤比赛能够继续。	
… 10 … 比赛应在裁判的示意下开始与结束。	

运动起源

规则	注释
… 11 … 如果裁判认为参赛者已经得到 1 分，但参赛者因不知自己已经得分而继续摔跤时，裁判可以随时停止比赛。	
… 12 … 主持比赛的裁判或其他官员应负责解决参赛者对得分的争议，其裁决为最终结果。	
… 13 … 摔跤场应为 28.5 米×28.5 米的大块正方形场地，赛事主办方也可自行决定场地尺寸，场地应统一铺设沙子或泥土。[8]	8. 今天标准的摔跤场——大学联赛采用的是 42 英尺×42 英尺的场地——大约是规则 13 所描述的场地的一半。聚乙烯泡沫垫已经取代了"沙子或泥土"。
… 14 … 摔跤选手应站在摔跤场正中、彼此接触范围之外[9] 开始比赛，具体距离由裁判决定。	9. 比赛开始前"不接触"的这条规则让人想起古典式摔跤的开场姿势。在古典式摔跤中，只能抱握对手腰部以上的部位。自由式摔跤开局时，一位摔跤手四肢着地，对手站在他身后，抓住他的腰和一只手臂。
… 15 … 所有其他更具体的细节由主持比赛的官员决定。	

源自战场的运动

体育运动的战斗性

虽然将运动员称作战士有些夸张，但是从一对一的摔跤到需要占领对方场地的橄榄球赛，体育比赛一直都是真实战斗的模拟。

射箭

自史前时代起，弓箭就一直是最重要的战争工具，直到火器发明并广泛传播之后，射箭才慢慢转变为一项娱乐活动。1583 年在芬斯伯里（在今伦敦中心）举办的比赛是有记载的最早的射箭比赛之一。

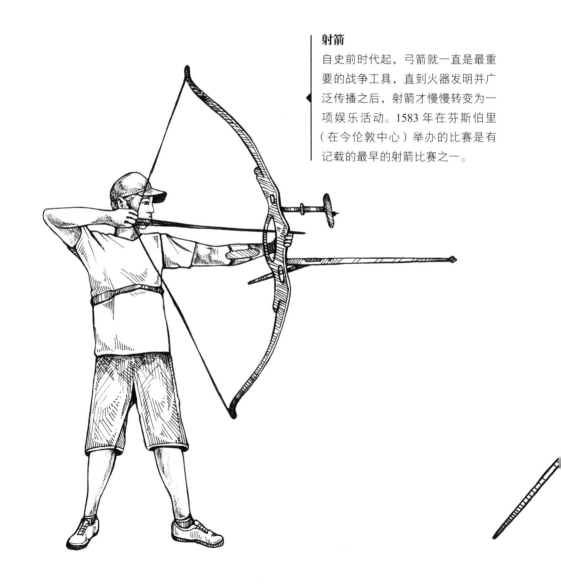

击剑

击剑最初是士兵与贵族的训练科目，后来在十六七世纪发展为欧洲的一种舞台娱乐。我们今天所见的这项程式化的现代运动源自 19 世纪的意大利和法国。

标枪

大约 500 万年前，塞内加尔黑猩猩就已经懂得要在参加战斗前磨尖树枝，早期的人类从它们那里学到了这项技能。又过了差不多 4 997 500 年，将一把轻型长矛 —— 标枪 —— 投掷出最远的距离成了奥运会比赛项目。

摔　跤

跳远

自有水坑以来，跳远一直是战场上一项十分有用的技能，而古希腊军队正式将其确定为一种训练士兵的方法。士兵之间日益激烈的竞争使得跳远成了奥运会古代五项之一。跳远被认为是其中最难的项目，由于某个特殊的原因：参赛者必须手持重物跳远。

撑竿跳高

古代人常利用撑竿跳在沼泽间行走或是跃过狭窄的水域。古希腊人采用类似的工具跃过敌人的城墙或是骑到动物背上。不过，已知最早的撑竿跳高比赛出现在公元前 1829 年的古爱尔兰运动会（Irish Tailteann Games）上。

运动起源

射击

中国人于 9 世纪发明了火药，大约 300 年后火药才被首次用来制作火器：一种可以击中位于几英尺外的小瓦片的竹筒。不久之后，这些武器被用在了体育比赛中，德意志人于 13 世纪组织了射击比赛。

铅球

我们在最具传奇色彩的战场上第一次看到了现代铅球的前身：荷马告诉我们，古希腊士兵曾在围攻特洛伊期间尝试过以丰投石攻城。11 世纪，在苏格兰高地运动会上，能将重物扔得最远的人就是最强大的战士。中世纪的欧洲士兵经常进行扔铁弹比赛，这项比赛延续了几个世纪。

摔　跤

参考资料

下面列出的原始文献与二次文献代表了我们不同寻常的研究与整理过程。为了寻找本书所需的资料，我们的团队访问了数百个网站，阅读了上百部出版物，其中大部分都与运动有关，但也有不少涉及一些看似无关的话题。不过，广义的运动史也记录了漫长的历史长河中生活在世界各地的人们在其他许多方面取得的成就，包括商业、文化、政治、宗教、科学、军事等。

图书

Belsky, Gary, and Neil Fine. *23 Ways to Get to First Base: The ESPN Uncyclopedia*. New York: ESPN Books, 2007.

Bodleian Library. *The Original Laws of Cricket*. Oxford: Bodleian Library, 2008.

———. *The Original Rules of Golf*. Oxford: Bodleian Library, 2009.

———. *The Original Rules of Rugby*. Oxford: Bodleian Library, 2007.

———. *The Original Rules of Tennis*. Oxford: Bodleian Library, 2010.

———. *The Rules of Association Football, 1863*. Oxford: Bodleian Library, 2006.

Bohn, Henry G., et al, eds. *Bohn's New Hand-Book of Games: Comprising Whist, Draughts, and Billiards*. Philadelphia: Henry F. Anners, 1856.

Camp, Walter, ed. *Spalding's Official Foot Ball Guide for 1906*. Carlisle, Penn.: Tuxedo Press, 2011.

Diamond, Dan, et al. *Total Hockey: The Official Encyclopedia of the National Hockey League*. Kingston, N.Y.: Total Sports, 2000.

Egan, Pierce. *Grose's Classical Dictionary of the Vulgar Tongue, Revised and Corrected, with the Addition of Numerous Slang Phrases Collected from Tried Authorities*. London: Grose, 1823.

Fielden, Greg, Bryan Hallman, and the auto editors of *Consumer Guide*. *NASCAR: The Complete History*. Lincolnwood, Ill.: Publications International Ltd., 2014.

Gross, Mary E., ed. *The Playground Book*. Cincinnati: Cincinnati Playgrounds, 1917.

Hotchkiss, John F. *500 Years of Golf Balls: History and Collector's Guide*. Dubuque, Iowa: Antique Trader Books, 1997.

Hult, Joan S., and Marianna Trekell, eds. *A Century of Women's Basketball: From Frailty to Final Four*. Reston, Va.: American Alliance for Health, Physical Education, Recreation, and Dance, 1991.

Kirchberg, Connie. *Hoop Lore: A History of the National Basketball Association*. Jefferson, N.C.: McFarland, 2007.

Liberman, Noah. *Glove Affairs: The Romance, History, and Tradition of the Baseball Glove*. Chicago: Triumph Books, 2003.

Noxon, Christopher. *Rejuvenile: Kickball, Cartoons, Cupcakes, and the Reinvention of the American Grown-up*. New York: Broadway Books, 2007.

O'Connor, Brendan, Neil Fine, and Gary Belsky. *Answer Guy: Extinguishing the Burning Questions of Sports with the Water Bucket of Truth*. New York: ESPN Books, Hyperion, 2002.

Thorn, John. *Baseball in the Garden of Eden: The Secret History of the Early Game*. New York: Simon & Schuster, 2012.

Thorn, John, Pete Palmer, and Michael Gershman. *Total Baseball: The Official Encyclopedia of Major League Baseball*. Kingston, N.Y.: Total Sports, 2001.

Waggoner, Glen, Kathleen Moloney, and Hugh Howard. *Baseball by the Rules: Pine Tar, Spitballs, and Midgets*. New York: Prentice Hall, 1990.

Walker, Douglas, and Graham Walker. *The Official Rock Paper Scissors Strategy Guide*. New York: Simon & Schuster, 2004.

网站

abcboxing.com

abcnews.go.com

about.com

americanprofile.com

americascup.com

amhistory.si.edu

ancient.eu

answers.yahoo.com

antiqueathlete.com

antiquehickorygolfclubs.com

athleticscholarships.net

augustasouthernnationals.org

baseball-almanac.com

baseball-reference.com

baseballglovecollector.com

basketballcoaching101.com

bbc.com

birthplaceofhockey.com

blackbeltmag.com

blackenterprise.com

bleacherreport.com

bloodyelbow.com

bloomberg.com

bowl.com

bowlingacademyinc.com

bowlingball.com

bowlingballs.us

bowlingmuseum.com

boxinghalloffame.com

britannica.com

businessinsider.com

cagepotato.com

candlepinbowling.com

cardschat.com

casinoarticles.com

cbsnews.com

cfbhall.com

cnn.com

coachup.com

collections.library.appstate.edu

cricket-rules.com

cs.purdue.edu

deadspin.com

dickssportinggoods.com

dictionary.reference.com

discovery.com

duckpins.com

ejmas.com

entertainment.howstuffworks.com

epicsports.com

espn.go.com

espncricinfo.com

f1h2o.com

facebook.com

factsaboutpoker.com

fantasyjudgment.com

fieldhockey.isport.com

fieldhockeybc.com

fifa.com

fih.ch

flowingdata.com

foxsports.com

fsta.org

funtrivia.com

getkempt.com

golf-information.info

golfing-scotland.com

golfball-guide.de

golfballmuseum.co.uk

golfeurope.com

hamptonroads.com

helpwithbowling.com

historical-pankration.com

history.co.uk

history.com

historyofsoccer.info

hooptactics.com

igfgolf.org

ikf.org

imgur.com

immaf.org

indianapolismotorspeedway.com

intotherough.co.uk

itftennis.com

japan-guide.com

judoinfo.com

kickassfacts.com

kickball.com

kickballstrategies.com

kshs.org

lastwordonsports.com

latimes.com

lawupdates.com

laxpower.com

majorleaguelacrosse.com

mastersgames.com

mentalfloss.com

mixedmartialsarts.com

mlb.com

mlive.com

mmafacts.com

mmafighting.com

mmaratings.net

motorsport.com

mrbaseball.com

myinterestingfacts.com

nascar.com

nationalgallery.org.uk

nba.com

ncaa.org

nfl.com

nhl.com

19cbaseball.com

nj.com

npr.org

nwcaonline.com

nytimes.com

oldbowling.com

oldlawnmowerclub.co.uk

olympic.org

pittsburghmma.com

planetseed.com

poker.com

pokerlistings.com

profootballhof.com

pubquizreference.co.uk

raiders.com

randa.org

rugbyfootballhistory.com

rugbynetwork.net

rugbyschool.net

samkass.com

scottishgolfhistory.org

sfia.org

shinty.com

shuffleboard.net

si.com

skittlealleysales.com

softschools.com

sports.yahoo.com

sports-information.org

sports-memorabilia-museum.com

sportsartifacts.com

sportycious.com

statista.com

tailteanngames.com

teamusa.org

theatlantic.com

thegamblersedge.com

thehockeynews.com

theopen.com

thepeoplehistory.com

thesportjournal.org

todayifoundout.com

topendsports.com

trackandfield.about.com

twoplustwo.com

ufc.com

ultimatefrisbee.com

underdognation.com

uni-watch.com

unitedworldwrestling.org

urbanoyster.com

usab.com

usabandy.com

usabaseball.com

usabasketball.org

usabroomball.com

usasoccer.com

usasumo.com

usatoday.com

usaultimate.org

usavolleyball.org

usga.org

uslacrosse.org

usta.org

volleyball.org

washingtonpost.com

wfdf.com

whatisultimate.com

wiffle.com

wikipedia.com

wimbledon.com

wisegeek.com

womenboxing.com

wordorigins.org

worldrps.com

worldsoccer.about.com

ymca.int

致　谢

与我们在出版行业遇到的所有团队一样，匠人出版社（Artisan）的团队给我们留下了深刻的印象。我们的编辑肖莎娜·古特迈尔（Shoshana Gutmajer）敦促我们尽可能让书中的信息易于理解，也更具层次性。对此，我们永远心存感激，更不用说她对制作精美书籍的热情了。莫林·克拉克（Maureen Clark）是一名出色的审稿编辑与事实核查员，她在编辑期间所展现的细心与技能让我们惊叹不已。我们的出版制作编辑西比勒·卡泽里德（Sibylle Kazeroid）也是如此。莎拉·拉瑟福德（Sarah Rutherford）绘制的插图全都精美无比，以我们未曾想过的方式让本书栩栩如生。她的插图之所以能与我们的文字如此契合，要归功于雅各布·科维（Jacob Covey）、米歇尔·伊斯海-科恩（Michelle Ishay-Cohen）以及雷娜塔·迪·比亚斯（Renata Di Biase）的设计团队。同样非常感谢出版总监南希·默里（Nancy Murray）、推广与营销总监艾莉森·麦基洪（Allison McGeehon）以及助理编辑穆拉·多明科（Mura Dominko）。当然，如果不是匠人的总编利亚·罗尼（Lia Ronnen）的远见卓识，这种团队合作就不可能实现，她首先想到向我们征求意见。利亚，衷心感谢你。

我们的代理人简·迪斯特尔（Jane Dystel）是任何作家都希望拥有的强力支持者。她天生就是做图书出版的料，基因里承载了对书的热爱。

在我们寻找和确定书中引用的一些规则的过程中，一些机构和个人为我们提供了巨大的帮助，包括英国沃金曲棍球博物馆、美国威浮球公司、大学橄榄球名人堂（美式橄榄球）、美国保龄球总会，以及 GOPPPL 的安德鲁·萨姆·穆萨利马斯（Andrew Sam Mouslimas）。

特别感谢我们的内容和编辑咨询机构埃兰路伙伴公司（Elland Road Partners）的团队。正是因为他们，我们才得以开展本书的项目：独一无二的大众体育编年史家布伦丹·奥康纳（Brendan O'Connor）；才华横溢、满怀热情的格伦·瓦戈纳（Glen Waggoner）；天赋出众、文笔犀利的迪安娜·乔帕（Deanna Cioppa）；瑞安·霍肯史密斯（Ryan Hockensmith）对综合格斗的深入了解与瑞安·麦基（Ryan McGee）在改装车赛方面的渊博知识对我们而言是无价之宝；莫迪·艾恩（Morty Ain）与埃兹拉·罗伯茨（Ezra Roberts）分别对梦幻体育和篮球进行了既敏锐又关键地研究；尼克·哈里斯（Nick Harris）的板球知识无边无际；伊莎贝尔·丹福思·斯蒂尔曼（Isabelle Danforth Stillman）和塞缪尔·富兰克林·塔施（Samuel Franklin Tasch）的研究与文章贯穿本书；无与伦比的记录员海林·贝莱（Haylin Belay）；研究奇才卡尔·卡奇西亚（Carl Carccia）既耐心又坚定。当然，还有我们尊敬的朋友和前同事克雷格·温斯顿（Craig Winston）、米尔科夫·格奥尔基（Milkov Gueorgui）和戴尔·布劳纳（Dale Brauner）——要是你知道他们的能力和谦逊，你也会像我们一样经常寻求他们的帮助与指导。

图书在版编目（CIP）数据

运动起源 /（英）加里·贝尔斯基，（英）尼尔·法
恩著；诸葛雯译 . -- 天津：天津人民出版社，2023.12（2024.8 重印）
　书名原文：On the Origins of Sports
　ISBN 978-7-201-19920-7

Ⅰ . ①运… Ⅱ . ①加… ②尼… ③诸… Ⅲ . ①体育运
动史—世界 Ⅳ . ① G811.9

中国国家版本馆 CIP 数据核字 (2023) 第 207490 号

ON THE ORIGINS OF SPORTS:THE EARLY HISTORY AND ORIGINAL RULES OF EVERYBODY'S
FAVORITE GAMES by GARY BELSKY AND NEIL FINE
Copyright © 2016 BY GARY BELSKY AND NEIL FINE, ILLUSTRATIONS
COPYRIGHT © 2016 BY SARAH RUTHERFORD
This edition arranged with Workman Publishing Co., Inc.,
a subsidiary of Hachette Book Group through Big Apple Agency, Inc., Labuan, Malaysia.
Simplified Chinese edition copyright:
2023 Ginkgo (Shanghai) Book Co., Ltd.
All rights reserved.

本书简体中文版由银杏树下（上海）图书有限责任公司出版

著作权合同登记号：图字 02-2023-194

运动起源

YUNDONG QIYUAN

［英］加里·贝尔斯基　［英］尼尔·法恩 著；诸葛雯 译

出　　版	天津人民出版社	出 版 人	刘锦泉
地　　址	天津市和平区西康路 35 号康岳大厦	邮政编码	300051
邮购电话	（022）23332469	电子信箱	reader@tjrmcbs.com
出版统筹	吴兴元	编辑统筹	王　頔
责任编辑	燕文青	特约编辑	向　楠　舒亦庭
营销推广	ONEBOOK	装帧制造	墨白空间·黄怡祯
印　　刷	北京盛通印刷股份有限公司	经　　销	新华书店
开　　本	690 毫米 ×960 毫米　1/16	印　　张	15.25
字　　数	225 千字		
版次印次	2023 年 12 月第 1 版　2024 年 8 月第 2 次印刷		
定　　价	90.00 元		

后浪出版咨询(北京)有限责任公司　版权所有，侵权必究
投诉信箱：editor@hinabook.com　fawu@hinabook.com
未经许可，不得以任何方式复制或者抄袭本书部分或全部内容
本书若有印、装质量问题，请与本公司联系调换，电话010-64072833